T0110048

Printed in the United States
By Bookmasters

تصميم التدريس

الأستاذ

محمد عواد الحموز

دار وائـل للنشر

الطبعة الثانية

٢٠٠٨

رقم الايداع لدى دائرة المكتبة الوطنية : (2004/2/373)
الحموز، محمد عواد
تصميم التدريس / محمد عواد الحموز . - عمان: دار وائل ، 2004
(227) ص
ر.إ. : (2004/2/373)
الواصفات: تصميم التدريس / أساليب التدريس / طرق التعلم / وسائل التدريس
* تم إعداد بيانات الفهرسة والتصنيف الأولية من قبل دائرة المكتبة الوطنية

****

رقم التصنيف العشري / ديوان : ٣٧١,٣
ISBN 9957-11-481-6 (ردمك)

* تصميم التدريس
*الأستاذ محمد عواد الحموز
*الطبعـة الأولى 2004
* الطبعة الثانيه 2008

* جميع الحقوق محفوظة للناشر

دار وائـل للنشر والتوزيع
* الأردن - عمان - شارع الجمعية العلمية الملكية - مبنى الجامعة الاردنية الاستثماري رقم (2) الطابق الثاني
هـاتف : 00962-6-5338410 - فاكس : 00962-6-5331661 - ص. ب (1615 - الجبيهة)
* الأردن - عمـان - وسـط البـلد - مجمـع الفحيص التجـاري- هـاتف: 00962-6-4627627
www.darwael.com
E-Mail: Wael@Darwael.Com

بسم الله الرحمن الرحيم

(وقل ربّ زدني علماً)

صدق الله العظيم

فهرس الكتاب

الموضوع	الصفحة

الباب الثالث

الأهداف التعليمية

مصادر اشتقاق الأهداف التعليمية ٨٥
تصنيف بلوم للأهداف التعليمية ٩٥
أهمية الأهداف السلوكية ٩٥

الباب الرابع

مستويات الأهداف السلوكية

مستويات الأهداف السلوكية ٩٩
الأهداف المعرفية ١٠٠
الأهداف الوجدانية ١٠٨
الأهداف النفسحركية ١١٦

بسم الله الرحمن الرحيم

المقدمـــة

الحمد لله رب العالمين، والصلاة والسلام على سيدنا محمد وعلى آله وصحبه أجمعين، وبعد:

فقد ظل التعليم في الوطن العربي تقليدياً،يعتمد على نظام متخلف وصعب من المناهج الدراسية التي ركزت اهتماماتها على الجانب المعرفي فقط، فكثفت المادة التعليمية وألزمت الطلبة بحفظها واستظهارها عن ظهر قلب، وأغفلت الجوانب الوجدانية كالميول والاتجاهات والقيم ،ولم تهتم بالنشاطات التعليمية،ولا بالمهارات والإجراءات التي تلزمها،كما أغفلت حاجات التلاميذ الأساسية، ولم تراعِ جوانب النمو المختلفة للإنسان كالجوانب الجسدية والعقلية والانفعالية والنفسية والاجتماعية والشخصية. ولم تعمل على ربط المتعلم بالبيئة والمجتمع.وقد اعتمدت طرقاً تدريسية صعبة وأساليب نظرية بحتة ،كانت في معظمها قائمة على المحاضرة و التلقين والتحفيظ ،وكان التلميذ مجبراً على حفظها ،واستظهارها بالقهر والعصا، وكل ألوان العقاب البدني والنفسي،بما فيهما من قسوة كانت تؤدي إلى هروب الأطفال من المدارس و تسربهم منها .وكان المعلم سيد الموقف،واجبه أن ينقل المعلومات إلى التلميذ، ولا يتعدى ذلك، وكان التلميذ مغلوبا على أمره،وعليه أن يسمع ويطيع، لا يستطيع أن يبدي رأيه ولا أن يشارك في عمليات التعليم أو التخطيط لها،وكل ما عليه أن يتلقى ويحفظ،ثم يتلقى ويحفظ،ثم يتقدم إلى الامتحان، فيصب ما حفظه على ورقة الإجابة، وتقدر له العلامة بناء على ما أفرغه على تلك الورقة. وهكذا، كان التلميذ محيداً لا أهمية له، كأن الأمر لا يعنيه، وكأن العملية التربوية التعليمية لا تستهدفه بل تستهدف المدرس ،الذي يتظاهر ويتفاخر بقدراته

أمام التلاميذ، أو تستهدف المناهج والكتاب المدرسي اللذين يغصان بالمادة المكثفة الصعبة والمتشعبة.

أرأيت كيف كان الطلبة يجبرون على حفظ ألفية ابن مالك في قواعد النحو والصرف حفظاً ببغاوياً،دون فهم،حتى إذا ما وضعوا في موقف المتحدث أو الكاتب فشلوا في التطبيق؟

هل سألت نفسك مرة لماذا كان يكره الطلبة قواعد اللغة ،نحوها وصرفها ،ولا يزالون؟

إنك لو بحثت عن السبب الحقيقي، ولو صدقت نفسك الإجابة ،لقلت إن السبب وراء ذلك هو أسلوب التدريس التقليدي الجاف العقيم، المعتمد على الحفظ و التلقين، وتكديس المعلومات، وحشو أدمغة التلاميذ بها،دون إتاحة الفرصة لهم ليتفاعلوا معها أو يبدوا رأيهم فيها أو يقترحوا رأياً لتسهيل المادة المدروسة،أو اختيارها،أو تطبيقها وتقويمها.

ولرُبَّ سائل يسأل:فلم أنجبت هذه المناهج وذلك النظام أساتذة أفذاذاً في اللغة من أمثال الرافعي وطه حسين والعقاد وأحمد أمين،وغيرهم؟ فأقول إن هذه الأسماء نخبة من العباقرة المتميزين، وهم معددون على رؤوس الأصابع .ولكنني أسأل بالمقابل: كم من تلميذ دخل المدرسة مع هؤلاء فلم يفلح، ولم يقدم شيئاً يذكر،ولكنه تاه في زحام الهاربين من الكتاتيب والمدارس التقليدية؟ ثم أتساءل: كم نابغة مثل هؤلاء نبغ في المجالات المعرفية الأخرى؟ كالطب والفلك والفيزياء والرياضيات وغيرها...؟ إنه لا يجوز الحكم على نجاح النظام إلا من خلال الغالبية.

ولطالما سمعنا ونحن صغار من آبائنا الملح والنوادروالطرائف عن الأساليب العقيمة التي كان يمارسها المعلمون مع تلاميذهم من أجل حفظ سورة

قصيرة من القرآن الكريم،أو من أجل جمع عددين أو طرحهما ،أو من أجل تعلم حرف من الحروف ،أو من أجل غير ذلك...... مما حدا بالأطفال إلى الهرب من المدارس، مفضلين عليها العمل في فلاحة الأرض ،أو اللجوء إلى العمل في مهنة مرهقة لطفولتهم، مع ما في ذلك من مشقة وتعب.

ولرب سائل آخر يسأل: وهل تعتبر مناهجنا التي بين أيدي تلاميذنا أصلح من مناهج آبائنا؟ وللحقيقة نقول: إن الطابع الذي يغلب على مناهجنا الحديثة طابع تقليدي إلى حدٍ لا يستهان به، وما التغييرات التي طرأت على مناهجنا إلا تغييرات يسيرة لم تلامس الجوهر الذي نطمح إلى الوصول إليه. وإنما لامست القشور السطحية الظاهرية، ولذلك لم نلمس تقدماً حقيقيا يذكر على الحياة في المجتمعات العربية ،إذ ما يزال مجتمعنا مجتمعاً استهلاكيا متبلداً،يهرول الناس من حوله نحو التقدم الحضاري في المجالات المختلفة،وهي ثابتة في مكانها،أو تسير بتؤدة السلاحف، وهذا لا يكفي ولا يلبي طموحاتنا.فإننا إذا أردنا أن نركض مع الراكضين،وأن نصل إلى خط النهاية سابقين،فعلينا أن نلتفت إلى مناهجنا التفاتة حقيقية لا زائفة، ونجعلها مسايرة للتقدم الحضاري، روحاً لا جسداً، وجوهراً لا مظهراً.

ولقد رأينا كيف أن العلماء في الولايات المتحدة قد هالهم سبق السوفيت إياهم في مجالات غزو الفضاء، والوصول إلى القمر قبلهم،ففزعوا،وقاموا بتغيير المناهج، وطرق التدريس والأساليب المتبعة، وكان بعد ذلك ما كان من تفوق يشهد له العالم أجمع. ويصدق هذا القول على دول كاليابان، والصين التي بدأت ثورتها مع الثورة المصرية تقريباً، وها هي اليوم تدخل عالم الفضاء،وأصبحت من الكبار الذين يحسب لهم ألف حساب، بينما بقيت مصر تلهث في آخر المتسابقين.

وإذن، وإذا كان لابد لنا من اللحاق بالمتقدمين،فعلينا أن نغير مناهجنا بصورة حقيقية،تخدم تقدمنا،وتلحقنا بركب السابقين، شريطة أن تتضافر جهود المختصين وصناع القرار بصدق واقتناع لتحقيق ذلك.

ويُعد تصميم التدريس،أو هندسة التدريس-إن شئت -عملية منهجية،تهدف في نهاية الأمر إلى النهوض بعملية التدريس،وتطويرها،وتحسينها،للوصول إلى الغايات المنشودة، وتوصيل الأهداف التربوية والتعليمية إلى التلاميذ بأقل جهد ووقت وكلفة.

وتشبه عملية تصميم التدريس بالتصميم الهندسي،لأنها قائمة على التفكير والإبداع الخلاق في كليهما، بدءاً من تخيل الهيئة التي يجب أن يكون عليها التصميم- وهو قضية ذهنية بحتة - مروراً بالتخطيط والتنفيذ، ثم انتهاء بالتقويم،ثم بالتحسين والتعديل اللذين يستفادان من التقويم والتغذية الراجعة.

وتأخذ عملية التصميم بعين الاعتبار الاهتمام بالأهداف التربوية، والمحتويات والمضامين، والأداءات وطرق التدريس، والأساليب والوسائل والأنشطة، كما تهتم بعملية التقويم القبلي والتكويني والختامي.

وهي تهتم أيضاً بتسخير البيئة للتعلم، وتنظيمها وتطويرها واستغلالها أحسن استغلال في عملية التدريس، كما تضبط المتغيرات المؤثرة في عملية التدريس، لتصل بها إلى أحسن حالة وأنفعها للتلاميذ،كحاجات المتعلم وخصائص المتعلم والأهداف العامة للمواضيع، ومحتوى التدريس، والأهداف التعليمية، وأنشطة التعلم والتعليم، ومصادر التعلم، والخدمات المساندة، والاختبارات القبلية والتكوينية والختامية.

إن هذه النظرة الشمولية إلى عملية التدريس وضبطها، وتطويرها وتحسينها تجعل من عملية تصميم التدريس عملية راقية ومتقدمة، تؤدي في النهاية إلى تدريس مثالي.

وهذا الكتاب (تصميم التدريس) الذي نضعه بين أيديكم، هو محاولة متواضعة للتعريف بتصميم التدريس. وإننا إذ نضعه بين أيديكم لنرجو الله - سبحانه وتعالى- أن ينفع به خير النفع، كما نرجوه - سبحانه وتعالى - أن يلهمنا سداد الرأي، وتقبل النصيحة، وحسن الإصغاء، وأن يجعل هذا العمل عملاً صالحاً، متقبلاً، خالصا لوجهه الكريم.

والحمد لله رب العالمين

المؤلف

محمد عواد الحموز

الباب الأول
تصميم التدريس

- مقدمة ،تكنولوجيا التدريس ، تصميم التدريس
- مفهوم التصميم ، عملية تصميم التدريس ، نماذج تصميم التدريس
- تطور علم تصميم التدريس ، الأطر النظرية لتصميم التدريس

الباب الأول

تصميم التدريس

مقدمة

إن النجاح في عملية التدريس، وإتقانها، وتحقيق الأهداف المرجوة منها، يتطلب أن يسبقها تخطيط متقن، وعلى المعلم أن يحيط بكل جوانبه ودقائقه ٠ حيث إن التخطيط المتقن لعملية التدريس والإعداد الجيد لها، يجنب المعلم العشوائية والتخبط في تنفيذ عملية التدريس، ويحقق الأهداف المرجوة،على أكمل وجه، وأحسن صورة، وإنه لمن المستغرب أن نسمع من بعض المعلمين الاحتجاج على عملية التخطيط المسبقة لعملية التدريس إذ إنه لا يعقل أن يقوم المعلم بتدريس حصة من الحصص دون معرفة الموضوع الذي سيقدمه للتلاميذ، ودون معرفة الأهداف التي يريد تحقيقها في نهاية الحصة، ودون أن يعرف الطريقة، أو الأسلوب أو النشاط أو الوسيلة التي سيستخدمها في عرض مادته، ودون أن يعرف كيفية التأكد من تحقق الأهداف، أو مدى تحققها لدى تلاميذه.

إن تخطيط المعلم لتدريس حصة صفية واحدة،هو صورة مصغرة ومبسطة لعملية تصميم التدريس.

فما هو التدريس؟

التدريس Instruction

إن التدريس نشاط متواصل، يهدف إلى إثارة التعلم وتسهيل مهمة تحققه، ويتضمن سلوك التدريس مجموعةالأفعال التواصلية،والقرارات التي يتم استغلالها

وتوظيفها بكيفية مقصودة من المدرس الذي يعمل كوسيط في إطار موقف تربوي تعليمي.

والتدريس علم يهتم بطرائق التدريس وتقنياته، كما يهتم بتنظيم مواقف التعلم التي يتفاعل معها الطلبة بغية تحقيق أهداف منشودة. والتدريس عملية متعمدة تهدف إلى تشكيل بيئة المتعلم بصورة تمكنه من تعلم ممارسة سلوك محدد.

والموضوع الأساسي للتدريس هو دراسة الظروف المحيطة بمواقف التعلم، ومختلف الشروط التي توضع أمام الطالب لتسهيل ظهور التمثيلات الذهنية لديه وتوظيفها أو إبعادها أو وضعها موضع تغيير ومراجعة لإبداع تصورات وتمثيلات جديدة.

وقد عرّفه عدد من العلماء بأنه: "تنظيم المعلومات والبيئة بشكل يسهل عملية التعلم"

ومن خلال ما سبق يمكن أن نخرج بأهم خصائص التدريس وهي:

١- التدريس عملية إنسانية تهدف إلى مساعدة المتعلمين على التعلم.

٢- التدريس نشاط تعلمي مقصود.

٣- التعليم فرع من التدريس، وليس العكس، وهو حالة من حالات التدريس التي تحصل بين طرفين بشريين، هما المدرس والتلاميذ.

٤- التدريس يعبر عن مدى تأثر التعلم بالظروف والوسائل المختلفة.

لذا فإن المعلم الجيد هو الذي يحسن اختيار الأنشطة الأكثر ملائمة عند تخطيطه لأي مثال للتعليم، ويقوم بتسخير البيئة وجعلها مناسبة للموقف التعليمي، كما يقوم بتسخير كل الوسائل التكنولوجية لتسهيل وتحسين تعلم التلاميذ.

التعلم : "ويعرفه العلماء بأنه تغيير في السلوك ناجم عن الخبرة" وهو عملية ذاتية يمكن أن تسود النشاط البشري بكامله أو أن تسود مجالات عديدة .

التعليم : وهو حالة من حالات التدريس، وهو عملية بشرية يشترك فيها طرفان: المعلم وهو الطرف الفعال والذي يقوم بالنشاط التعليمي كله، والتلميذ وهو الطرف السلبي الذي يقتصر دوره على الاستماع والطاعة، وقد اقتصر الهدف من التعليم على عمليات الحشو والاكتساب والتدريب، بهدف زيادة المعارف وتعزيزها.

ولمزيد من توضيح الفرق بين المصطلحات الثلاثة السابقة نورد الموازنتين التاليتين:

الموازنة الأولى بين التدريس والتعليم،وهي موضحة في الجدول التالي:

جوانب الموازنة	التعليم	التدريس
الهدف	حشو عقول الطلبة بالمعلومات التي يعرضها المعلم.	مساعدة الطلبة على التفاعل مع الخبرات التي يواجهونها في الصف وخارجه.
دور الطالب	التلقي والاستماع والامتثال والتدريب الببغاوي.	تدريب الطالب على ممارسة عمليات الانتباه والتذكير والتفكير والتنظيم والاستيعاب.
دور المعلم	ملقن إيجابي، يتحدث طول الحصة،ملم بالمعرفة وخبير بها.	منظم للخبرات والمواقف والأحداث ومعد للمهام التي سيتفاعل معها الطلبة ويستشير لدوافعهم.
دور الخبرات والمواد الدراسية	تدريب أذهان الطلبة أساليب زيادة معارفهم واستخدامها كوسائط للتدريب العقلي والتكرار الآلي.	وسائط تساعد الطلبة على اختبار نظرياتهم ومفاهيمها والبنى التي يطورونها،ومواقع لتجريب أفكارهم وأساليب تعلمهم.

جدول رقم(١) الموازنة بين عملية التعليم والتدريس[1]

[1] - تصميم التدريس،يوسف القطامي ورفاقه،ص ٢٤

يلاحظ من خلال الجدول السابق أن المعلم يمتلك زمام الأمور في التعلم،بينما هو موجه ومشرف ومنظم للخبرات في التدريس وأن التلميذ سلبي في التعليم ولكنه نشط وفعال وإيجابي في التدريس. وفي الموازنة الثانية سوف نرى الفرق بين عملية التعلم والتعليم[1] موضحة في الجدول التالي :

جوانب الموازنة	التعلم	التعليم
العمليات	داخلية يمارسها الطلبة بهدف استيعاب المعرفة.	الشرح والتلقين طول الوقت.
دور الطالب	المبادرة والتصميم وتنظيم المعارف.	الامتثال والطاعة والصمت والتلقي لما يعرضه المعلم.
دور المادة الدراسية	اختيار الأسلوب المناسب لاستيعاب المعرفة وقناة المعرفة المناسبة لذلك،واختيار وبناء المخططات المناسبة.	زيادة القدرة الذهنية لدى الطلبة وتحديد قدرات الطلبة بمقدار ما يحملون في أذهانهم من المعارف.
الإجراءات والأنشطة العملية	الإفادة مما يقدم بهدف مساعدة الطالب على تنظيم معرفته وخبرته ليصل الى حالة الفهم والاستيعاب .	تقديم المعارف والمعلومات وفق منطق المادة الدراسية والمنطق الذي يفترضه المعلم.

أثر تصميم التدريس على التدريس:

يعد تصميم التدريس أساس تطوير التدريس.والتدريس كما هو معروف علم يتقدم باستمرار،نتيجة التقدم العلمي الكبير الذي حصل في حياة الناس،وقد أحدث هذا التقدم تطوراً على العملية التعليمية،وخاصة في المجال العلمي،وفي القدرة على تحديد متغيرات التدريس.

---

[1] - تصميم التدريس،يوسف القاطمي ورفاقه،ص٢١

لقد أفاد علم التدريس فائدة كبيرة من تصميم التدريس الذي ركز على استخدام التكنولوجيا الحديثة، مثل (الفيديو) والحاسب، كما أفاد من المجالات التطبيقية لتصميم التدريس في المجالات التربوية التي كانت غايتها تسهيل التعلم بصورة فعالة.

وفي الحقيقة إن علم التدريس قد أفاد من نظريات التعلم التي تُعدّ أساساً قوياً لمبادئه النظرية وإجراءاته العملية، مما أدى الى ظهور مناهج جديدة ومختلفة، مثل منهج تحليل النظم، وتصميم التعلم، والتدريس الذي يضع الأهداف والخبرات لتتلاءم مع قدرات التلاميذ واستعداداتهم، وخبراتهم السابقة، وتحديد ما يناسبه من إجراءات تدريبة، ووسائل تعليمية.

ولا بد من التفريق بين تصميم التدريس باعتباره علماً، وبين إجراءات تصميم التدريس.

فأمّا علم تصميم التدريس فهو مفهوم واسع، يستعمل للدلالة على مبادئ ونظريات ومجالات من البحث والتساؤل والممارسة .

وأما إجراءات تصميم التدريس، فإنها تعني العمليات النظامية التي تستخدم في إحداث تسلسل تعليمي تعلمي، وهي جزء من علم تصميم التدريس .

وأما عملية تخطيط التدريس، فتشير إلى العمل على إنجاز هدف معين، قابل للتطبيق والتنفيذ.

وأما التدريس فهو عملية معدة، تتكون من مجموعة من الأجزاء المتداخلة، التي لها وظائف خاصة، ولكنها تعمل بصورة مترابطة من أجل تحقيق الأهداف المرجوّة، ومن هذه الأجزاء:

علم تصميم التدريس، وتصميم التدريس، والتخطيط للتدريس، وإجراءات التدريس المختلفة.

شروط نجاح أي برنامج تعليمي

لكي يتم نجاح أي برنامج تعليمي فلابُدَّ من مراعاة ما يلي:

١- أن يكون البرنامج قادراً على إكساب المشاركين فيه المعرفة، والمهارات، وأنماط الاتجاهات الضرورية، كما يكون قادراً على إكسابهم التدريب المناسب، من خلال استخدام أمثل للتقنيات المتوفرة، لكي يتم تحقيق التعلم المرغوب.

٢- أن تكون تكاليف البرنامج المادية، والزمن الذي يستغرقه تنفيذه والجهد المبذول فيه مناسبة لما تم تحقيقه من تعلم.

٣- أن تكون خبرات التعلم ذات معنى، ومثيرة ومشوقة،وتهمّ المشاركين، لتزيد من دافعيتهم، للاستمرار في التعلم، ومتابعة الدراسة.

٤- أن يستفيد البرنامج التدريسي من خبرات المدرسين ،ويأخذ بها،كما يستفيد من دعمهم للبرنامج، وتحمسهم له.

تكنولوجيا التدريس Technology of Instruction

قد يتبادر إلى ذهن السامع أن مصطلح: تكنولوجيا التدريس يعني تقنيات التدريس المستخدمة في عمليات التدريس، كالأجهزة الحديثة من حاسوب وتلفاز وغيرها...، وهذا غير دقيق، لأن تكنولوجيا التدريس، كما عرفها عدد من العلماء: "ترتيبات نظامية لأحداث تدريس تعليمية ،ثم تصميمها لوضع معرفتنا بالتعلم موضوع التطبيق والممارسة بطريقة تنبؤية وفاعلة لتحقيق الأهداف"[1]

---

[1]- أساسيات تصميم التدريس،ص١١ ،يوسف قطامي ورفيقاه.

ويفهم من هذا التعريف أن تكنولوجيا التدريس تشمل الطرق والأساليب الحديثة المستخدمة لتحقيق الأهداف التعليمية. ومن الطرق التي يعتمدها التدريس نظام التساؤل "طريقة حل المشكلات" لتطوير التدريس، وهي طريقة متقدمة تقوم على تحديد المشكلة وصياغة فرضيات للحل وتجريبها،وجمع المعلومات، فتؤدي إلى استنتاج مناسب للفرضيات ، من أجل حل المشكلة،فإن ثبتت صحتها استخدمت هذه النتائج لتحسين أو تعديل أوضاع تدريسية معينة، وإن لم تثبت صحتها، فلابدّ حينئذٍ من اللجوء إلى اختيار اتجاه آخر حتى يظهر الحل الناجح.

إن طريقة التساؤل العلمي،أو حل المشكلات، عندما تستخدم في التخطيط للتدريس فتتحقق نتائج،تسمى تكنولوجيا التدريس أو تقنيات التدريس، وقد عرفتها جمعية الاتصالات التربوية والتكنولوجية، بأنها: "العملية الخاصة المستخدمة لتصميم نوع خاص من النتاجات التعليمية/ مكونات النظام التعليمي التي تتصف بالثبات والصدق".

وتُعدّ العمليات المتبعة في تطوير التعليم المبرمج مثالاً واضحاً على تكنولوجيا التدريس.

أما عملية التخطيط النظامية Process Of Systematic Planing التي تهتم بتقويم طريقة اختيار مشكلات التدريس وحاجاتها،وصياغة خطوات لحلها، وتقويم نتائجها، فتعد واحدة من تقنيات التدريس التي يعتمد عليها تصميم التدريس في تطوير التدريس من خلال إجراءات نظامية تستخدمها هذه العملية.

علاقة تصميم التدريس بتطوير التدريس.

١- إن تطوير التدريس Instruction Development أعم وأشمل من تصميم التدريس، لأن التدريس جزء من تطوير التدريس .

٢- تصميم التدريس يتعلق بتصميم وحدات ومساقات أو برامج تدريسية أما تطوير التدريس فهو يتعامل مع أنظمة أو نظم تعليمية متكاملة. تشمل إدارة شؤون الأفراد، والميزانية، ودعم الخدمات والتزويد لتحسين التدريس في منظمة أو معهد ما.

٣- يُعّد تصميم التدريس ترجمة لمبادئ التعلم والتدريب إلى خطط ونشاطات ومواد التدريس.

أما تطوير التدريس فهو منهج نظامي لتصميم أنظمة تعليمية متكاملة وإنتاجها وتقويمها، فهو يشمل جميع المكونات ومنها طريقة الاستخدام. ولهذا يقال إن إجراءات تطوير التدريس تستخدم لتخطيط أساليب تنفيذها.

تصميم التدريس Instruction design

يتبادر إلى ذهنك-عند الحديث عن تصميم التدريس- التصميم الهندسي الذي يضعه المهندس لمشروع عمارة أو جسر أو غيرها...، والحق أن ما يقوم به المهندس يشبه إلى حد كبير ما يقوم به مصمم التدريس، فكل منهما يشرع بوضع مصمم لعمله مسبقاً،ثم يخطط للتنفيذ، ثم يقوم بإجراءات التنفيذ، ثم يقوم بالحكم على نتائج عمله، ثم يستخلص من نتائج المراجعة الخلل والعيوب والأخطاء فيقوم بتعديلها وتحسينها .

وهما عندما يقومان بالتخطيط لتصميمها مسبقاً إنما يعتمدان على مبادئ ثبتت صحتها ونجاحها وصدقها في الماضي، فالمدرس يقوم بترجمة مبادئ التعلم والتدريب التي تعلمها إلى خطط ونشاطات ومواد التدريس،والمهندس يعتمد على مبادئ فيزيائية.

ويتفق المهندس ومصمم التدريس في أن كلاً منهما يحاول تصميم أشياء وظيفية تلفت أنظار المستهلك، وتشده إليها.

ويتشابهان أيضاً في أنهما يضعان معايير وإجراءات لحل المشاكل التي تعترض كليهما .

وأهم شيء يتفقان فيه هو أنهما يضعان تصوراً مسبقاً لما سيكون عليه نتاجهما،إذ يضعان خطة مفصلة لما سيكون عليه نتاجهما، مع الأخذ بعين الاعتبار أن عملية التنفيذ ليست من شأنهما، ولا يقومان بها، وإنما يقوم بها أناس مختصون، مثل مقاول البناء في حالة المهندس ، والمعلم في حالة تصميم التدريس.

غير أنه لدى بعض المصممين معرفة كافية بمهارة الإنتاج، كبرمجة الحاسوب وإنتاج أشرطة (الفيديو)، ويمكن أن يكون بعض المصممين من المعلمين القادرين على تصميم خطط لدروسهم ويقومون بتنفيذها،مع ملاحظة أن مصمم التدريس لا يقوم بالإنتاج -إنتاج الأشرطة مثلاً -إلا من بعد أن ينتهي من إعداد الخطط.

ولا بدّ من القول إن المعلمين والمدربين الأكفياء هم الأقدر على ضبط التدريس والتدريب بحيث يكون مناسباً مع حاجات المشاركين من المتعلمين والمتدربين، خاصة إذا كانت وسيلة التعليم لا تتعلق بمواقف التعلم والتعليم مثل: التدريب في الشركات والبنوك والمؤسسات .

بعض المفاهيم التربوية وعلاقتها بالتربية :

يعد مفهوم التربية Education مفهوماً واسعاً، وهو يضم عدداً من المصطلحات والمفاهيم التربوية، مثل مفهوم التدريس Instruction، والتدريب Training،والتعليم teaching.غيرأن هذه المفاهيم تتداخل إلى حدّ أن كثيراً من الناس يخلطون بينها،فيستعملونها استعمالاً تبادلياً، فيستعملون التدريس بمعنى

التدريب أو التعليم، أو العكس. والحقُّ أن هذه المفاهيم لها دلالات خاصة ومحددة، بالرغم من تقاربها في المعنى؛ فالتعليم غير التدريس والتدريب، والتدريب ليس التعليم ولا التدريس، وكذلك التدريس ليس هو التعليم أو التدريب.

إذن، ما علاقة هذه المصطلحات بعضها ببعض؟ ينبغي أولاً أن تعرّف هذه المصطلحات لكي نتعرف خصوصية كل منها وحدوده:

التربية Education يستخدم مفهوم التربة بشكل موسع ليشمل جميع أنواع الخبرات التي يتعلم أو يتدرب من خلالها الناس ،وهذه الخبرات في معظمها عرضية،غير مقصودة،وغير مخطط لها.

والخبرات العرضية هي ما يتعلمه الانسان أو يكتسبه من المعرفة بنفسه، دون توجيه من معلم أو مدرب أو مختص، بشكل مباشر، أو بشكل مخطط له، أو مُعدٍّ سلفاً، وبطريقة مقصودة. ولنضرب مثالاً لذلك : سائق السيارة الذي حصل على رخصة قيادة سيارة للتوّ، فإنه عندما يسوق سيارته في وسط الزحام يتعلم من أخطائه، ويكتسب مهارات جديدة لم يتعلمها في مدرسة تعليم السواقة،وبذلك فإنه ينمي مهارته في القيادة يوماً بعد يوم حتى يتقنها. إن هذا نوع من التعلم ،ولكنه تعلم عرضي.

التدريس: Instruction : وهو جزء من التربية، يهتم بتقديم الخبرات التي تعود الى التعلم، وهي خبرات تعليمية أو تدريسية مركزة، مقصودة وهادفة، ومخطط لها، ومعدة سلفاً، ليتم تحقيق الأهداف المرجوّة منها بصورة ناجحة وفعالة.

ولذلك عّرفهُ العلماء بأنه: "عملية تقديم المعلومات والنشاطات التي تسهّل على المتعلمين تحقيق أهداف التعلم الخاصة، وهو إدارة النشاطات التي تركز على تحقيق المتعلمين لأهداف تعليمية خاصة"[1]

إذن لا نستطيع أن نقول إن كل أنواع التربية تعد جزءاً من التدريس، حيث إن كثيراً مما يتعلمه الأفراد لا يكون مقصوداً ولا مخططا له.

<u>التدريب</u> **Training:** أما التدريب فهو جزء من التدريس، ويرتبط به مباشرة، ويعرفه العلماء بأنه: "الشكل العام للخبرات التعليمية المركزة التي ينبغي للافراد الذين يكتسبون مهارات خاصة جداً، القيام بتطبيقها في مجالات حقلية ميدانية".

ونستنتج من هذا التعريف ما يلي :

١- إن التدريب خبرات تعليمية مركزة .

٢- إن هذه الخبرات مقصودة،ومخطط لها.

٣- إن التدريب يركز على تحقيق مهارات خاصة.

٤- إن هذه الخبرات يتم تطبيقها في مجالات حقلية ميدانية.

وبناء على هذا فإن كثيراً من الخبرات المرتبطة بالتعليم المهني تعدُّ من التدريب، وكذلك المهارات العسكرية، والمهارات التربوية المرتبطة بالمجالات العملية،كالمهارات الرياضية والمحاسبية والقرائية والكتابية وغيرها...

إذن يمكن القول إن التدريب هو الجانب العملي من التدريس، أما الجانب النظري فإنه جزء من التدريس ولكنه ليس من التدريب .

---

[1]- يوسف قطامي ورفيقاه،أساسيات تصميم التدريس ص ١٦

<u>التعليم</u> Teaching ويعني تلك الخبرات التي يقوم بها الفرد(المعلم)، وليس (الفيديو) أو المنهاج، أو برنامج الحاسوب. لقد اصبح الآن بالإمكان إدراك علاقة هذه المصطلحات بعضها ببعض. فالتدريس يشمل جميع أنواع خبرات التعلم والتعليم التي تقدم أهداف التعليم عن طريق المعلم أو عن طريق وسائل إعلامية متعددة، ويوضح الشكل(١)علاقة هذه المفاهيم بعضها ببعض.

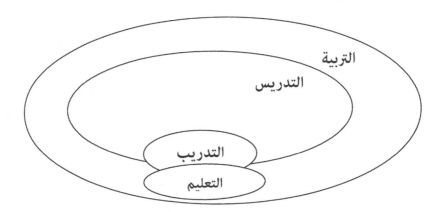

شكل رقم(١) العلاقة بين مصطلحات التربية التي ترتبط بالتدريس[1]

يظهر لنا الشكل رقم(١) أن مصطلح التدريب مرتبط مباشرة مع مفهوم التدريس، وأن مفهوم التدريس مرتبط مع مفهوم التربية.

---

[1]- أساسيات تصميم التدريس،ص١٧،مرجع سابق.

مفهوم التصميم:Design

قلنا إن مصطلح "تصميم" قد يعني تصميم مشروع هندسي عند المهندسين وقد يعني تصميم مشروع صناعي عند الصناعيين ،أو تصميم تجاري عند التجار، وهكذا.... والتصميم بصورة عامة عملية تخطيط منهجية تسبق تنفيذ الخطة من أجل حل المشكلة.

ولكن تصميم التدريس يتميز عن غيره من أنواع التصميم الأخرى، ولذلك يجب أن يتوفر في مصمم التدريس ما يلي:

١- الدقة.

٢- درجة الاطّلاع على التخطيط النظامي للمشروع؛ لأن حسن التخطيط يؤدي الى إتقان العملية، وضعفها يؤدي إلى سوء توزيع الوقت والأمور الاخرى، وهذا يؤدي إلى تعليم خامل وغير فاعل ويخلو من الدافعية.

٣- معرفة الهدف الذي يخطط له،والفئة المستهدفة، إذ إن الاحاطة بمعرفة الاهداف تؤدي إلى نجاح العملية وتوصيلها على أحسن وجه إلى الدارسين، كما أن معرفة صفات المجموعة تساعد على معرفة اختيار الاهداف المناسبة وتحقيقها في أحسن صورة.

٤- الإبداع، ونعني به الابتعاد عن التقليد،والروتين؛ لأن الإبداع يبقى محفوراً في الذاكرة، أما التصاميم التقليدية فإنها تنتهي وتنسى بسرعة.

ومن الإبداع أيضاً أن يكون الجهد والوقت اللازمان للتنفيذ أقل ما يمكن، لكي تتحقق الأهداف بأقصر وقت، فتتحقق بالتالي نتائج ذات كفاءة عالية،تساعد المتدربين على تطوير ثقتهم بأنفسهم وكفاءتهم، وبذلك يكون تصميم التدريس نشاطاً ذهنياً تدريبياً إبداعياً يرتقي في حل المشاكل.

عملية تصميم التدريس:

تتلخص مهمة تصميم التدريس في الاجابة عن ثلاثة أسئلة رئيسية،هي[1]:

١- أين سنذهب؟ (ما هي أهداف التعلم؟)

٢- كيف سنصل إلى هناك؟ (ما هي استراتيجية التعليم والمواد التعليمية؟)

٣- كيف لنا أن نعرف المكان عندما نصل هناك؟ (كيف يجب أن يكون نمط الامتحانات، وكيف يمكن تقويم المواد التعليمية؟)

من خلال الأسئلة السابقة، تعرف أن عملية تصميم التدريس تمر في ثلاث مراحل هي:

١- إجراء تحليل تعليمي لتحديد أين سنذهب، أي تحديد الأهداف التي نرجو تحقيقها،ففيها نتساءل دائماً عن البيئة، وعن خصائص المتعلمين ،والمهارات التي نريد أن يتعلمها الدارسون، وعن الأشخاص الذين سيشرفون على العملية.

٢- تطوير استراتيجية تعليمية لتحديد كيف سنصل إلى هناك، أي ما هي الطرق والأساليب والوسائل والنشاطات التي يمكن أن تحقق بها الأهداف المرجوة، فنسأل مثلاً عن كيفية عرض المادة التعليمية، ونشاطات التعلم، والخطوات المتسلسلة التي يجب اتباعها .

٣- تطوير وإجراء تقويم لتحديد كيف لنا أن نعرف المكان عندما نصل هناك،أي ما هي أدوات التقويم التي سنستخدمها من أجل تحقيق الأهداف المرجوة،

---

[1] - أساسيات تصميم التدريس ،ص ٢٠ ،مرجع سابق.

ومعرفة هل تحققت أم لم تتحقق، وما مدى تحققها، وقد تشمل عملية التقويم أيضاً تقويم الاستراتيجية ،ومعرفة مناسبتها للهدف ومدى صلاحيتها.

التوافق والانسجام بين مراحل تصميم التدريس:

يقصد بالتوافق والانسجام أن تلتقي أهداف التعليم واستراتيجيته والتقويم، وذلك أن تكون الاستراتيجية (وسيلة التعليم) مناسبة لغرض التعليم (الأهداف)، وأن تكون الامتحانات قادرة على قياس مدى تحقق الأهداف لدى المتعلمين (التقويم). ولنفترض الآن أنك مصمم تدريس ،وتعمل على تصميم تدريس تريد أن تعلم فيه الطلبة القدرة على تصنيف المواد بحسب ملمسها،ومعرفة خشونة سطحها من نعومته.

إن لديك الآن هدفاً تريد أن تعلمه للطلاب، وتتوقع منهم أن يحققوه، وهو قدرتهم على تمييز الخشن من الناعم، وهو هدف تعلم خاص، ولكي يتم الانسجام بين أهداف التعلم والاستراتيجية، عليك أن تختار استراتيجية تعليمية مناسبة لتعلم المفاهيم، كما عليك أن تقدم مجموعة من الأمثلة على تعلم المفاهيم.

ولكي يكون هناك توافق بين التقويم وهدف التعلم والاستراتيجية، عليك أن تستخدم الاختبار لمعرفة مدى تعلم الطلاب للمفاهيم من خلال تصنيف المواد الخشنة والناعمة، وبناء على هذا يكون الهدف في هذه العملية هو تعلم مفاهيم الخشونة والنعومة، وتقديم المعلومات والنشاطات منسجمة مع التقويم، وهذا التوافق بين عناصر عملية التصميم يساعد على تطوير التعلم.

أما تطوير المناهج فيشير إلى التوافق والانسجام بين الاهداف والتعليم والتقويم.

نماذج تصميم التدريس:

ولكي يحصل التوافق والانسجام بين الاهداف والاستراتيجيات، وبين الاهداف والاستراتيجيات الثلاثة التي طرحناها من قبل، وهي: أين سنذهب؟ وكيف سنصل هناك؟ وكيف لنا أن نعرف المكان عندما نصل إليه؟ فلابد أن يمر المصمم بثلاث مراحل هي:

- مرحلة التحليل .
- مرحلة تطوير الاستراتيجية.
- مرحلة التقويم.

وهذه المراحل هي أساس وجوهر ما يسمى بنماذج تصميم التعليم. ولقد وضع عدد من العلماء نماذج تصميم تعليمية، ولكن هناك نموذج بسيط وسهل وهو يتألف من ثلاث مراحل، تجيب عن الاسئلة الثلاثة، وهي مرحلة التحليل، ومرحلة الاستراتيجية، ومرحلة التقويم.

أ- فأما مرحلة التصميم فتضم العناصر التالية:

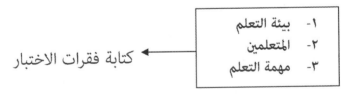

١- بيئة التعلم
٢- المتعلمين
٣- مهمة التعلم

← كتابة فقرات الاختبار

ب- وأما مرحلة الاستراتيجية ،وهي مرتبطة بالمرحلة الاولى، وتتألف من:

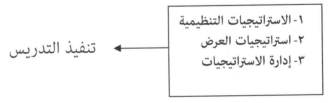

١- الاستراتيجيات التنظيمية
٢- استراتيجيات العرض
٣- إدارة الاستراتيجيات

← تنفيذ التدريس

ج- وأما مرحلة التقويم فتتألف من:

١- إجراء التقويم البنائي .

ويتم بعدها

٢- مراجعة وتعديل خطة التدريس .

ويلاحظ من خلال هذا النموذج أن فقرات الاختبار تتم كتابتها في المرحلة الأولى (مرحلة التحليل)، وهذا شيء غير مألوف بالنسبة للمعلم؛ لأنه تعود أن يكتب فقرات الاختبار بعد عرض المادة التعليمية.

كما نلاحظ أيضاً أن عملية المراجعة والتعديل تتم في مرحلة التقويم،وهذا شيء منطقي ومقبول لدى المعلمين؛ لأنّ عملية التقويم تهتم بالكشف عن الخلل والعيوب التي تقع في كثير من القرارات التي تتخذ في مراحل التصميم، وهي تحتاج إلى تعديل وتصويب بعد الحصول على معلومات جديدة.

إن عملية مراجعة الأهداف والاستراتيجيات وتقويمها بصورة مستمرة تؤدي إلى النهوض بالمنتج التعليمي،كالمنهاج، و(أفلام الفيديو)، وأقراص الحاسوب، وتؤدي إلى تطويرها، وجعلها أكثر فاعلية حتى من التعليم ذاته.

وعليه؛ فإنه يمكننا القول بأن عدم التخطيط لعملية التعليم، أو سوء التخطيط يؤدي إلى ضعف في نوعية المواد التعليمية،لذلك لابد للمعلم من أن يخطط بصورة جيدة، لكي يحصل على أحسن النتائج. ولكي تكون عناصر التعليم الثلاثة، وهي الأهداف والاستراتيجيات والتقويم منسجمة أحسن الانسجام، ويمكن تلخيص حديثنا عن نماذج التصميم بالشكل التالي:

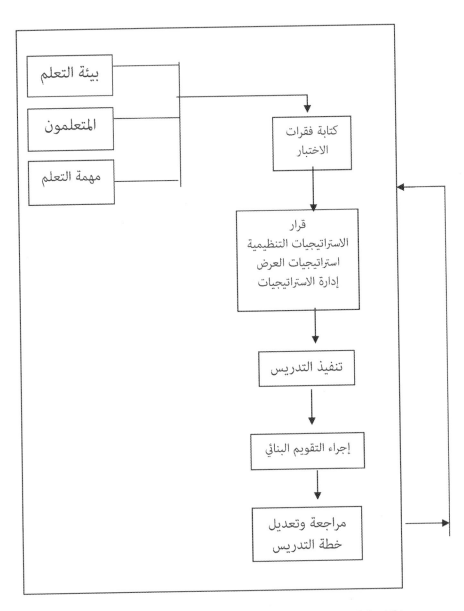

شكل (٢) نموذج عملية تصميم التدريس ، يوسف قطامي ص ٢٥

تصميم التدريس ونظريات التعلم:

يعاني التربويون من صياغة نظرية تعلم، تصلح لكل مواقف التدريس والتدريب، وترجع صعوبة صياغة مثل هذه النظرية إلى ما يلي:

١- إن علماء علم نفس التعلم يهتمون بما يدور في مختبراتهم، لأن المختبر يوفر لهم بيئة مضبوطة، مسيطر عليها، ويمكن التحكم بمتغيراتها، مما يجعلهم قادرين على معرفة أثر المتغيرات المستقلة الداخلة في مواقف التجريب.

٢- تتركز عناية علماء التعلم على الحيوانات التي تُعد مصدراً هاماً لاختبار فرضياتهم، ومعرفة النتائج، خاصة وأن هذه الحيوانات تتوفر لديهم بكثرة، وبسعر زهيد.

٣- إن علماء التعلم غير مهتمين بنقل نتائج دراساتهم والاستفادة منها، والمجال الانساني؛ لذلك فقد رأينا أن الأبحاث والدراسات ازدهرت وتقدمت في مختبرات علم النفس، ولكنها كانت قليلة الفائدة في المجال التدريسي والتدريبي الانساني، وقد ترتب على هذا تقدم علم التعلم، وظل علم التدريس متخلفاً عن متابعته.

لقد حاول عدد من علماء النفس مدَّ جسور بين نواتج نظريات التعلم وبين علم التدريس، وتصميم التدريس، وقد كان "سكنر" أول من حاول ذلك بطريقة علمية ومنظمة. وقد سبقه في ذلك عدد من العلماء، ولكن بطريقة غير منظمة، وكان على رأسهم "ثورندايك" أبو علم النفس التربوي.

وخلاصة ما توصل إليه "سكنر" من نتائج، أنه نقل نتائج علم النفس السلوكي إلى غرفة الصف، فعكسها على مواقف التعلم والتدريس والتدريب، مما أسهم في تطوير تصميم التدريس.

لقد اتخذ "سكنر" من المدرسة السلوكية إطاراً نظرياً لابدَّ منه في مجال تصميم التدريس،والذي يحتاجه مصمم التدريس ولا يستغني عنه.

والحق إن المدرسة السلوكية هي صاحبة أكثر النظريات النفسية ملاءمة للقيام بهذا الدور؛ لانها تسعى إلى تزويد الممارسين باستراتيجيات وأساليب واضحة،تسهل عملية التعلم والتدريس باستخدام الوسائل التعليمية.

وباختصار فإن علم تصميم التدريس حاول أن يستفيد من نظريات التعلم، وذلك بتحويل مبادىء التعلم والتدريس الى طرائق يتم فيها تحديد مواد التدريس وأنشطتها، وتحقق نواتجها على صورة أداءات ذهنية، وأداءات حركية، ضمت ظروفاً بيئية وسياقات محددة.

صفات مصمم التدريس:

ينبغي لمصمم التدريس أن يتمتع بعدد من الصفات التي تساعده على توظيف وتطبيق عملية التصميم وجعلها عملية ممكنة،وهذه الصفات هي:

١- أن تكون لديه القدرة على تشخيص مشكلات التعلم وتحليلها؛لأنه بدون ذلك لا يستطيع أن يقدم توصية دقيقة لمشكلة التدريس.

٢- أن يهتم بمعرفة المهارات الضرورية لتجسير وربط النظرية ونتائج الدراسات والبحوث بالتطبيقات الصفية والتدريبية للتوصل إلى حلول مناسبة للمشكلة، فإن هذه الحلول تكون موجودة في نظريات التعلم الانساني، وإن قيمة تصميم التدريس تكمن في تحويل المجالات النظرية للتعلم إلى أفعال تدريسية مثالية.

تعريف تصميم التدريس:

أورد الدكتور يوسف قطامي في كتابه "تصميم التدريس" مجموعة كبيرة من التعريفات لعدد من العلماء العرب والأجانب .

وعند استقرائنا لهذه التعريفات نجد أنها تتفق في العناصر الأساسية لمعنى التصميم، وإن اختلفت في ألفاظها، وإن هذه العناصر التي يختص بها التصميم، والتي نستخلصها من مجموعة التعريفات المشار إليها ما يلي:

١- إن التصميم طريقة منهجية نظامية، وليست عشوائية مرتجلة.

٢- إنه خطة مسبقة لمادة تعليمية معينة، تتم الإحاطة بها من قبل مصمم التدريس، ومعرفة تفاصيلها.

٣- إنه يتناول مجموعة من الاجراءات اللازمة لتنظيم المادة التعليمية المراد تصميمها وتدريسها بطريقة منطقية، وتحليلها وتطويرها وتقويمها، ولكي تكون متناسبة مع قدرات المتعلم الذهنية.

٤- إن هذه الاجراءات تهدف أن تحدد من خلالها أفضل الطرائق التعليمية، وتطويرها بحيث تصبح مناسبة لتحقيق حاجات التعلم والتعليم بأقل جهد ووقت ممكنين.

٥- إنه عملية تهدف إلى وضع خطة لاستخدام عناصر بيئة المتعلم والعلاقات المرتبطة بها، بحيث تدفعه للاستجابة في مواقف معينة، وتحت ظروف معينة؛ لاكسابه خبرات محددة، وإحداث تغيرات في سلوكه أو أدواته لتحقيق الاهداف المقصودة.

٦- إنه يسعى إلى تسهيل عملية التعلم من خلال تنظيم المعلومات وتطوير الوسائل والأساليب لتساعد المتعلم على التعلم.

وسوف نختار الآن تعريفين يضمان كل العناصر التي تحدثنا عنها قبل قليل.

الاول: ويقول: "تصميم التدريس" مجموعة إجراءات مختلفة، تتعلق باختيار المادة التعليمية المراد تصميمها،وتحليلها، وتنظيمها، وتطويرها، وتقويمها لمناهج تعليمية تساعد المتعلم على التعلم بطريقة أسرع وأفضل من ناحية، واتباع الطرائق التعليمية بأقل جهد ووقت ممكنين من ناحية أخرى"[1] .

الثاني: ويقول:"تصميم التدريس": نظرية تدريس منهجية نظامية، تتكيف مع المحتوى التعليمي، وتسعى إلى تحقيق تعلم أكثر كفاءة وأكثر فاعلية للمتعلمين من خلال عرض معلومات كافية لهم، ليتمكنوا من حل مشكلاتهم المكتسبة بطريقتهم الخاصة"[2].

ويلاحظ أن تصميم التدريس ومصممي التدريس قد ميزوا بين النظرة التقليدية للتعليم القائمة على نقل المعرفة في التدريس، وبين النظرة الحديثة للتدريس التي تهدف إلى تعميق المعرفة وتسهيل التعلم.

ومن هنا رأينا أن التصميم يتركز على الفلسفة التي تعّد المتعلم أساساً ومحوراً لعملية التعلم عند التخطيط للدرس.فالمتعلم أو المجموعة المستهدفة في التخطيط هي مجموعة مشاركة وفعالة،وليست سلبية وحيادية في عملية التخطيط، ولهذا يؤخذ بعين الاعتبار أن تتبنى عملية التعلم لتكون مناسبة مع قدراتها وإمكاناتها وأهدافها.

وهذه الفلسفة تأخذ بعين الاعتبار أيضاً التركيز على صياغة الأهداف، وتحديد الطريقة التي يتحقق بها؛ إذ يمكن أن تتحقق الأهداف مثلاً بالنشاطات،أو الوسائل

[1]- أساسيات تصميم التدريس،يوسف قطامي،ص٣٠،مرجع سابق.

[2]- أساسيات تصميم التدريس،يوسف قطامي،ص٣١،مرجع سابق.

التعليمية المرئية وغير المرئية، أو بالتعليم المبرمج،كما تقول نظرية التعلم السلوكية.

ويهتم تصميم التدريس ببيئة المتعلم الذهنية والنفسية والمادية من أجل تطويرها وتزويدها بالمصادر والدوافع التي تجعلها مناسبة لعملية التعلم.

كما يهتم تصميم التدريس بتنظيم الموقف التعليمي والتدريبي لتلبية احتياجات المتعلمين، ويؤكد النظرة الحديثة للتدريس على تنظيم وتطوير استراتيجيات التعليم وفق أحداث تدريسية متفاعلة.

مكونات التصميم الأساسية:

تشمل مكونات التصميم الأساسية ما يلي :

التقديرالتدريسي، والتحليل التدريسي، واختيار الاستراتيجيات التدريسية، والتقويم التكويني والتقويم الختامي.

وتقوم هذه المكونات في أصولها النظرية على نظريات التعلم وأبحاث التدريس والحدس العام؛ لأن التصميم والتطوير والتطبيق يحتاج إلى فهم عام يساعد على تسهيل الكيانات العامة التي يعتمد بعضها على بعض، ثم تؤدي جميعها إلى تحقيق بعض الأهداف العامة.

وبما أن عملية التصميم تعتمد على نظرية النظم فإنها تعدُّ نظامية، ولذلك فإنها تساعد على تسهيل صعوباتها وتعقيدها.

تطور علم تصميم التدريس: -

نبذة تاريخية: قامت الولايات المتحدة الأمريكية بعد الحرب العالمية الثانية مباشرة بمحاولات لتعليم أعداد كثيرة من أفراد الجيش على استخدام التكنولوجيا الحديثة

والمعدات الحربية بأقصر وقت وأقل جهد وتكلفة، وقد كانت هذه المحاولات تمثل الحدود الأولى لعلم تصميم التدريس باعتباره جزءاً من تكنولوجيا التربية.

وقد نشط علماء النفس في تلك الحقبة في الكشف عن معلومات مهمة وجديدة تتعلق بكيفية حدوث التعلم الانساني،وقد عمد علماء النفس للكشف عن التفاصيل الدقيقة المحددة للمهمة التي يراد تعلمها،وذلك بإشراك المتعلم بصورة إيجابية وفعالة.

وقد قام المتخصصون في مجال الوسائل السمعية والبصرية، بدور كبير ومهم في تطوير مفهوم لتصميم التدريس؛ فطوروا طرائق جديدة في تطبيقهم مبادىء علم نفس التعلم، بتصميم أفلام تربوية وتعليمية مختلفة.

وقد لخص يوسف قطامي في كتابه (أساسيات تصميم التدريس) المصادر الرئيسية التي ساهمت في تطوير تصميم التدريس، وهي:[1]

١- الدراسات والبحوث التي تتعلق بعلم النفس، وخاصة سيكلوجية الفروق الفردية، وعملية التعلم الذاتي، والتعليم المبرمج.

٢- الدراسات والبحوث التي تتعلق بنظريات التعلم، وعلم السلوك الانساني التي درست المثيرات والاستجابات في الموقف التعليمي عن طريق استخدام جداول التعزيز.

٣- التكنولوجيا الهندسية التي بحثت أهمية التعلم،الذي يعني أن يسير المتعلم حسب سرعة التعلم الذاتية.

٤- الدراسات والبحوث التي تتعلق بوسائل الاتصال،وأهمية الوسائل التعليمية في عملية التعلم، واستخدام المتعلم أكثر من حاسّة من حواسه في آن واحد.

[1]- أساسيات تصميم التدريس،يوسف قطامي، ص٣٢

لقد استفاد علم تصميم التدريس من هذه المصادر الفوائد التالية:

١- توفير الاستراتيجيات والمبادىء المناسبة لنقل الخبرات للتلاميذ في بيئة تعليمية مناسبة.

٢- إحداث بيئة، وإيجاد ظروف مناسبة يتمكن التلاميذ من خلالها من التعلم.

٣- نقل الاهتمام من نظرية التعلم إلى نظرية التدريس.

ويعد جون ديوي رائد هذا العلم؛ لأنه أول من دعا إلى ربط نظريات التعلم بالمواقف التربوية في نظريته المشهورة (الروابط العلمية) Liniking Science، وقال إن التعلم لايتم إلا عن طريق الخبرة والعمل Learning .

سكنر وتصميم التدريس: اشتهر سكنر بنظرية التعزيز، وخاصة التعزيز الفوري، التي تدعو إلى تعزيز المتعلم مباشرة بعد قيامه بالاستجابة الصحيحة، وقد عالج بهذا تأخر التعزيز الذي يمكن أن يضعف الاستجابة المجزأة من التلاميذ في الصفوف المزدحمة.

وقد ألف سكنر كتاباً بعنوان The Technology of Teaching وكان أول كتاب يقدم فكرة تكنولوجيا التدريس لتفعيل التعلم الصفي، وقد اهتم فيه بمعالجة تقنية التدريس الصفي لأول مرة في تاريخ التدريس.

وقد كانت مهمة (تكنجة) التدريس من نواتج تطبيقات نظريته في مجال التدريس التي استفاد منها مصممو التدريس فيما بعد.

لقد تم تأكيد أهمية التقنيات المادية والبرامج التي تطبق في مواقف التدريس المختلفة باعتبارها وسائل تسهيل مهمة التعليم؛مما أدى إلى تغيير النظرة إلى تصميم التدريس .

دور المدرسة السلوكية في تصميم التدريس:ـ

نشأت المدرسة السلوكية في أواخر القرن التاسع عشر،وازدهرت في النصف الأول من القرن العشرين، وقد ارتبطت باسم"إيفان بافلوف" الروسي الذي أجرى أبحاثه على الكلاب،ولكن مؤسس هذه المدرسة بحق هو "واتسون" صاحب قوانين التعلم، ومن أشهر علمائها "ثورندايك،وسكنر" الذي درس المترتبات الإجرائية في الأربعينات والخمسينات من القرن العشرين.

وتعدّ المدرسة السلوكية ذات أثر كبير في تصميم التدريس، ويظهر ذلك من خلال اهتماماتها بالتقنيات المتبعة في عملية التصميم،مثل: تحديد الأهداف السلوكية، ووضع تقويم يعتمد على الأداء، واهتماماتها بالبيئة في التعلم، والمثيرات التي يتبعها استجابات معينة، وأكدوا أن هناك ارتباطاً أو علاقة بين المثير والاستجابة،وأن هذه العلاقة تتطور إذا وجد المثير المناسب.

كما اهتمت المدرسة بالتعليم المبرمج، الذي يعّد ثورة حديثة في التعليم، وقد قدم إبداعات لم يسبق لها مثيل في التعليم من قبل، فقد طبق الأهداف السلوكية، وعرض المادة التعليمية باستخدام الوسائل والأجهزة التعليمية، وطور المواد الدراسية من خلال فحص فعالياتها.

وقد تفرع التعليم المبرمج إلى شكلين رئيسين هما:الشكل الخطي والمتشعب. ويرتبط الشكل الخطي بدراسات"سكنر"،وأما المتشعب فليس له أصول نظرية.

ومن الأمور التي اهتمت بها المدرسة السلوكية:التغذية الراجعة ،ونمط التدريس،والتعزيز بأنواعه.

لقد اهتمت المدرسة السلوكية بسلوك الإنسان،الذي يمكن ملاحظته فقط،ولم تهتم بعمليات التفكير أو الأحوال الذهنية وغيرها من الظواهر غير المرئية.

وفي مجال الحديث عن المدرسة السلوكية، فإننا نشير إلى "بولوك Bullock" الذي حدد عدداً من الأسس التي تعتمد عليها عملية تصميم التدريس، وهي:

١- الموضوعية: وتعني النهج العلمي، والملاحظة المحسوسة للأحداث الخارجية.

٢- البيئية: وتعني أن البيئة ذات أهمية في تحديد السلوك الإنساني.

٣- التعزيز: ويعني احتمال زيادة ظهور سلوك تعلمي، ويحكم عليه في العادة من نتائجه، لأن السلوك الإنساني محكوم بنتائجه.

كما افترض"لاموس Lamos "أن التعليم المبرمج لسكنر يقوم على ثلاثة أسس هي: التحليل والتصميم والتقويم.

وحدد "جيلدين" أربعة مكونات أساسية للتعلم، وفق نموذج ضبط التعليم، وهي: معلومات الطالب، وتحليل التدريس، ونشاط التعلم، ونظام التقويم.

الأطر النظرية الأساسية المحددة لتصميم التدريس:-

نعني بالأطر النظرية: الأسس النظرية التي يقوم عليها التصميم،وهي تستمد عادة من النظريات التدريسية، كالنظرية السلوكية مثلاً.

وقد عرّف علماء المدرسة السلوكية الاتجاه السلوكي بأنه تغيير في السلوك ناجم عن الخبرة والتدريب.

ويمكن تحديد سلوك الإنسان المتعلم أو المتدرب من ناحية نظرية من خلال الأطر السبعة التالية، وهي:

١- طريقة حدوث التعلم.

٢- العوامل التي تؤثر على التعلم.

٣- دور الذاكرة.

٤- انتقال أثر التعلم والتدريب.

٥- نواتج التعلم المحصلة التي تتحقق وفق هذا الاتجاه.

٦- افتراضات النظرية التي تتعلق بتصميم التدريس.

٧- أسلوب تنظيم الموقف التعليمي.

وهاك شرح هذه الأطر:

الإطار الأول: طريقة حدوث التعلم:

تؤكد النظرية السلوكية أن التعلم يأتي من خلال النقاط التالية:

١- تحديد المحتوى الذي يراد تعلمه، من خلال صياغة أهداف سلوكية، وذلك بصياغة جمل فعلية، مبدوءة بفعل إجرائي، يمكن ملاحظته وقياسه والحكم عليه، أي يمكن تقويمه وفق معايير ومستويات معينة.

٢- إمكانية سيطرة التعلم على بيئة المتعلم لخلق الظروف المناسبة لتحقيق ذلك التعلم.

٣- استخدام التقويم القادر على إظهار درجات التقدم في التعلم وتغييرها إلى الأحسن، وإظهار الفرق بين ما كان عليه من قبل (خط البدء) وما صار عليه الآن (مرحلة السلوك النهائي).

٤- استخدام التعزيز المناسب يدفع بالمتعلم "إلى تحسين أدائه وسلوكه؛ إذ إن التلميذ يسعى للحصول على التعزيز باستمرار، ولذلك تحصل تغيرات في سلوكه تساعد على تخفيف النواتج المرجوة والمحددة .

٥- وجود مثيرات جديدة باستمرار لحصول الاستجابات الصحيحة.

٦- استخدام أدوات قياس (بارامترية) يمكنها أن تحدد درجة التقدم في التعلم، ودرجة التغير في السلوك. ويعدّ الأداء الإنساني في التعلم وحدة قياس، لأنه يظهر الفرق بين ما كان عليه سلوك الفرد مسبقاً وما صار عليه لاحقاً. فكلما كان التغير أكثر كان التعلم أفضل،والعكس صحيح.

الإطار الثاني:العوامل التي تؤثر في التعلم:

أهم العوامل التي يهتم بها السلوكيون في مجال التصميم،هي:

١- المتعلم وخصائصه، ويتم في العادة إجراء اختبارات بعدية لتحصيل المهمة (المادة المراد تعلمها)، أو التدريب الذي يحققه المتعلم، بعد أن يمر في خبرة معينة،من أجل معرفة ما اكتسبه أو حققه من التعلم أو درجة تحسنه.

٢- البيئة ومتغيراتها، إذ ينبغي أن يكون المصمم التدريسي قادراً على التحكم بالبيئة والظروف المحيطة، ليجعلها مناسبة وملائمة لتحقيق الأهداف المرجوّة على أحسن وجه.

٣- المعززات: يتم اختيار أنواع التعزيز المناسبة للتعلم أو التدريب، إذ يرى السلوكيون أن الاستجابة المعززة تصبح في حدِّ ذاتها مثيراً يؤدي إلى ظهور استجابات أخرى معززة.

٤- تنظيم المثيرات،لأن المثيرات الجيدة والمناسبة تؤدي إلى استجابات صحيحة.

الإطار الثالث: دور الذاكرة.

تشكل الذاكرة الانسانية مستودعاً تخزن فيه المعلومات وتتم استعادتها وقت الحاجة. فإذا وجد سلوك الانسان تعزيزاً مناسباً فإنه يكتسب خبرة تحل في الذاكرة، ويعدّ التذكر مرادفاً للخبرات المعرفية، في حين يعدّ النسيان مرادفاً للخبرات القليلة التعزيز.أما الذاكرة في ضوء هذا الفهم فتعدّمجموعةالمثيرات المحددة بروابط

اتبعت بتعزيز مناسب، كما يتحدد مدى ظهور الاستجابة من الذاكرة بكمية التعزيز الذي تكوّن أثناء تشكيل التعلم بحسب سلسلة من الاستجابات المعززة المتتالية والمتتابعة.

الإطار الرابع: انتقال التعلم والتدريب:

يقول السلوكيون: إن التعلم يتم انتقاله بتطبيق الخبرة المتعلمة بطريقة جديدة في مواقف جديدة،ويعطي السلوكيون أهمية للطريقة في تحديد أثر التعلم السابق على التعلم اللاحق، ويرون أيضاً أن الانتقال يتم نتيجة للتعميم،أي إن هناك صفات أو عناصر متشابهة ومشتركة أو متقاربة بين الخبرات القديمة والخبرات الجديدة، تساعد على نقل الخبرات السابقة وتعميمها على الخبرة الجديدة.

ويرى (جانييه) أن الانتقال نوعان،هما:

١- الانتقال الافقي: وهو الانتقال الذي يكون فيه عناصر، ومستوى متكافئ من الصعوبة.

٢- الانتقال العمودي: وهو الانتقال الذي يتم حينما يحتاج المتعلم خبرات أساسية للانتقال إلى مستوى أعلى من الصعوبة، ويشترك مع الخبرات السابقة في الأساسيات.

أما الانتقال عند "ثورندايك"، فيتم من خلال التدريب على ما يتوفر فيه عناصر مشتركة ومتشابهة بين الاستجابات المتعلمة، فإذا أتقن المتعلم التدريب على هذه العناصر أصبح قادراً على تعلم الخبرات أو المهارات التي تترابط،أو تتشابه بها؛ إذ إن الخبرات القابلة للانتقال هي التي تتشابه عناصرها ومكوناتها العامة.

وأشار "جيتس وألكسندر واش" إلى أن هناك ما يسمى بالانتقال السلبي، ويعني أن بعض الخبرات تعيق نقل خبرات جديدة .

وأما الفشل الاسترجاعي، فهو عندهم ما يؤدي إلى النسيان المتسبب عن العجز في تنشيط الذاكرة أو إظهار المعلومات على سطح الذاكرة لاستخدامها.

الإطار الخامس: نواتج التعلم المفضلة التي تتحقق وفق هذا الاتجاه:

أكدت النظرة السلوكية للتعلم أهمية الاستراتيجيات الأكثر مناسبة وملاءمة وفائدة. كما أكدت أهمية تقوية الروابط بين المثيرات والاستجابات،مع وجود التلميحات العلمية والممارسة والتعزيز،التي تدعم تقوية حصول التعلم.

كما أكدت أن تسهيل التعلم يمكن أن يحصل من خلال التعميمات والتمييزات[1] التي يقوم بها المتعلم، لكي تساعده على استدعاء الحقائق والمبادىء والمفاهيم والروابط،واكتساب الخبرات المتعلمة وفق إجراءات معينة.

ويؤكد السلوكيون أهمية التلميحات والمنبهات والارتباطات؛لأن ذلك يؤدي إلى استدعاء التعلم السلوكي القائم على الربط والتذكر والاستدعاء،والحفظ واسترجاع الخبرات.

الإطار السادس: افتراضات النظرية التي تتعلق بتصميم التدريس:

أكدت المدرسة السلوكية بصورة عملية أهمية الاستراتيجيات والآلات التعليمية والتعليم المبرمج منذ نشأتها،كما أكدت أهمية التعليم السلوكي من خلال التطبيقات التقنية الحديثة، مثل: التعلم القائم على البرمجيات في الحاسوب، ولذلك يتوجب على مصمم التدريس أن يحيط بهذه الاستراتيجية، ويأخذها بعين الاعتبار في تعليم التصميم السلوكي.

---

[1] تشير التعميمات إلى وجود الصفات المتشابهة والعلاقات المشتركة. بينما تشير التمييزات إلى وجود التمايزات والاختلافات في الصفات.

وقد أورد د.يوسف قطامي في كتابه أساسيات تصميم التدريس أهمية النقاط التالية[1] :

١- تأكيد النواتج القابلة للملاحظة والقياس من خلال عمليات صياغة الاهداف السلوكية، وتحليل المهمة، والتقويم المعياري والمحكي.

٢- إجراء اختيار قبلي يحدد نقطة البدء في موقف التعلم والتدريب، وما تمَّ تصنيفه تحت عنوان تحديد مدخلات المتعلم ليسهم في تخطيط التعلم المناسب للمتعلمين والمتدربين .

٣- تأكيد إتقان الخطوات الأولية البسيطة قبل التقدم نحو مستويات أكثر تعقيداً، متمثلة في تدرج العرض التدريبي ومتابعة وإتقان التعلم .

٤- استخدام التعزيز الذي يقوي التعلم ويعمل على صيانته من خلال المعززات المحسوسة، والتغذية الراجعة المستمرة والنهائية .

٥- استخدام التلميحات والتشكيل والممارسة، لتأكيد الروابط القائمة بين المثيرات والاستجابات لتعمل على تسريع التعلم الذي يتدرج من البسيط إلى المعقد.

٦- إتباع المتعلم والمتدرب بعض أنماط السلوك الذي تؤدي إلى معرفة النتائج، مما يعزز تلك الاستجابة المعززة، ويقويها، ويزيد من احتمال ظهورها .

٧- التغيير أو التعديل دائم وثابت نسبياً، ويقاوم الزوال بمقدار ما يحقق المتعلم من تعزيز أثناء عملية التعلم

---

[1]- أساسيات تصميم التدريس،يوسف قطامي،ص٤١.

الإطار السابع : أسلوب تنظيم الموقف التعليمي :

إن هدف التعلم السلوكي أن يستمر المتعلم في تحقيق الاستجابة المرغوبة، لذلك فهو يدعو إلى استخدام مجموعة من المثيرات في المواقف التعليمية المستهدفة.

ولكي تتحقق الاستجابات المناسبة للمواقف التعليمية المحددة لابد من اتخاذ أسلوب مناسب يتمثل في ترتيب الموقف التعليمي وتسلسله وتدرجه وزيادة احتمالية الاستجابة، وزيادة فرصة اتباعها بتعزيز،من أجل تسهيل التعلم وتحقيق النواتج المرغوبة.

الباب الثاني
الموضوع التعليمي و تحليل المهمة

١. التعرف على الغايات التربوية.

٢. اختيار موضوعات مهمات العمل و تنظيمها.

٣. الموضوعات والمهمات وتحليل المحتوى للتدريس.

٤. الخطوات الإجرائية، وطرق معالجة المحتوى التعليمي.

٥. الأصول النظرية لتفكير تحليل المهمة، وتحليل المهمة لجانبيه.

الباب الثاني

الموضوع التعليمي و تحليل المهمة

يعدّ هذا الموضوع من أكثر المواضيع أهميه للمدرس، لأنه يتعلق بتحديد ومعرفة المعلم لمحتوى المادة التعليمية التي يدرسها كاملة، ومعرفة الغايات المعرفية العريضة، ومعرفة الوحدات الرئيسية التي يتألف منها الموضوع، والأهداف العامة لكل موضوع، وتحديد المهمات التي يتألف منها، والتخطيط السنوي لكيفية تدريس المساق التعليمي كاملا، والتخطيط اليومي الذي يقوم به المعلم يوميا .

والتخطيط السنوي والتخطيط اليومي يعينان المعلم على ضبط العملية التعليمية، ويحددان له الأهداف والغايات الأساسية من عملية التعلم، والمبادئ والمفاهيم و المهارات المستهدفة، كما يحددان له الاستراتيجيات المناسبة التي تسهل عملية التدريس، وتحقق الغايات التربوية بأقل جهد و وقت ممكنين.

كما يساعدان المعلم على اختيار أساليب التقويم المناسبة التي على ضوئها يمكن تعديل أو تغيير أو تطوير الخطة والإستراتيجية وأساليب التقويم ، للوصول إلى الصورة المثالية لتحقيق التعلم الأمثل ، وتحقيق الغايات التعليمية والتربوية المرجوة.

ويمكن القول إن خطة تصميم التدريس أو التدريب تبدأ من خلال التعرف على الغايات التربوية العريضة للمؤسسة التعليمة، ومن خلال هذه الغايات يتم اختيار أو تحديد عدد من الموضوعات الدراسية، لكي يدرسها التلاميذ، وتسمى هذه الموضوعات بـ(وحدات دراسيه) ، فيقوم المعلم عادة بتحديد الأهداف العامة لكل

موضوع (وحدة دراسية)، ويحدد المهمات التي تشكل العنوان الرئيسي لتعليم المهارات النفسحركية، التي يتم التخطيط للتدريب عليها.

وتعبر الأهداف العامة عن التعلم الذي يتوقع أن يحققه المتعلم ، والتي يستدل عليها من خلال عملية تقويم ما حققه المتعلم من تعلم ....[1]

التعرف على الغايات التربوية:

قبل أن نعرف أنواع الأهداف التربوية، فلابد أن نتعرف أهمية هذه الأهداف؛ لأنها تشكل الغايات الأساسية للعملية التربوية والغايات النهائية للتعلم الموجه لتنشئة الفرد تنشئة صحيحة، من أجل خدمة مجتمعه وبيئته، ويمكن تلخيص أهمية الأهداف التربوية في النقاط التالية:[2]

١. تؤثر في طبيعة الخبرات التي تخطط لمساعدة التلاميذ على تحقيقها.

٢. تؤثر في اختيار الطرق والأساليب والوسائل المستخدمة في تقديم تلك الخبرات.

٣. ان التحديد المسبق للنتائج أو العوائد المنتظرة للتعلم يعد شرطا أساسيا لإجراء تقويم سليم، والتأكد من مدى تحقق الأهداف .

٤. تعد الأهداف التربوية ذات طبيعة خاصة، تحدِّد قيمة العمل التربوي، وما تحمله من مسؤوليات عملية وأخلاقية تجاه الفرد و المجتمع .

وتجدر الإشارة إلى أن نجاح المعلم في وضع أهداف تعليمية محددة وواقعية يتم من طرق التغذية الراجعة التي يوفرها التقويم، وأن التأكد من استعداد

---

[1] - أساسيات تصميم التدريس، يوسف قطامي.

[2] - تنظيم تعلم التلاميذ، د. عبد الملك الناشف، ١٩٧٤، ص ٢ .

التلاميذ لتعلم الموضوع أو المفهوم الجديد يساعد على توفير دافعيه كافية لتعلم هذا الموضوع أو المفهوم الجديد.

مستويات الأهداف التربوية

تصاغ الأهداف التربوية على أربعة مستويات هي:

المستوى الأول: أهداف عامة بعيدة المدى:

وتشتق هذه الأهداف عادةً من فلسفة التربية، ومن أهداف النظام التربوي المعمول به، ومن الأهداف العامة لتدريس المواد المختلفة، ومن أمثلة هذا المستوى:

- مساعدة الفرد على النمو المتكامل.

- تنمية المسؤولية الاجتماعية.

- تنمية قوى الفرد الذاتية، وإطلاق مواهبه.

- تنمية القيم الدينية والأخلاقية.

- تنمية مهارات أسلوب حل المشكلات.

- تنمية الاستخدام البناء و الهادف لوقت الفراغ.

ويلاحظ أن هذا النوع من الأهداف يمثل أهدافاً نهائية، ولا يمكن تحقيقها في فصل دراسي واحد، أو سنة دراسية واحدة، وإنما يحتاج إلى سنوات عديدة.

المستوى الثاني: أهداف عامة مرحلية:

وتشتق هذه الأهداف من الأهداف العامة البعيدة المدى، وهي أكثر تجديداً، وأقل عمومية من الأهداف العامة البعيدة المدى، ويراعى فيها أن تشير بدقة إلى مدى التقدم الذي يجب أن يحرزه التلاميذ في فصل دراسي واحد، أو سنة دراسية واحدة ومن أمثلتها:

- قراءة الكتاب المقرر قراءة صحيحة مع الفهم.

- معرفة الحالات المختلفة للمادة وتطبيقاتها العملية.

- نقد مجموعة من النصوص التاريخية تدور حول عهد تاريخي معين.

- إدراك المتعلمين النواحي الجمالية في البيئة.

ويلاحظ أن هذا المستوى من الأهداف يكون مستمداً من المادة الدراسية، ويرتبط بأهداف عريضة بعيدة المدى، وعليه يمكن تعريف الهدف العام بأنه: الغرض الرئيسي الذي يمكن تحقيقه خلال عمل معين يجب التوصل إليه كإطار رئيس شامل وعمومي.

ويعرفه آخرون بأنه "تعبير عن تصميم لتغيير ظروف حاضرة إلى ظروف ومعطيات جديدة" فإنك عندما تقول إن الهدف العام من برنامج الدبلوم في الجامعات هو تأهيل الدارسين تربوياً و نفسياً، أو تخريج فنيين في مجال مساعدي الصيادلة إنما يعني ذلك إحداث تغييرات شاملة لدى المتدرب تؤهله لممارسة مهمات عملية جديدة تساعده على تحقيق ذاته مستقبلاً.

<u>المستوى الثالث: أهداف خاصة محددة:</u>

وتشتق من الأهداف العامة المرحلية في المستوى الثاني، وهي تصف نتائج التعلم بصفة عامة، وينتظر أن يحققها الطلبة في حصة واحدة، أو عدد محدد من الحصص، من أمثلتها:

- إدراك مفهوم السائل.

- نقد نص قرائي معين.

- نقد نص مصدري في أحد دروس التاريخ.

وهذه الأهداف تصاغ بأفعال عامة، تكتب بعموميات صعبة التحقيق، وغامضة، ويصعب قياسها، ولا تركز على أي سلوك ظاهري للإنسان، ومن أمثلتها:

أن يتقن مهارة، أن يقدم لـ...، أن يعتقد، أن يطور مهارة، أن يحب، أن يقدر، أن يطور مهارة، أن يمتلك قدرة، أن يهتم بـ... أن يفهم، أن يعتاد على، أن يصمم، أن يتعلم، أن يقوم، أن يدرك، أن يفهم أهمية.

إن هذه الصياغات لا يمكنها أن تقيس عند المتعلم شيئاً يفهمه أو يتذكره، أو يحبه، أو يتعلمه، أو.....، إلا إذا كانت مقترنة بإنجازات ملموسة، كأن تكون مقروءة أو مسموعة أو مشاهدة أو مقيسة.......

المستوى الرابع: أهداف سلوكية خاصة:

وتصاغ هذه الأهداف من الأهداف الخاصة القريبة في المستوى الثالث، وتكون أكثر تحديداً منها ، وتمثل نتائج تعلميه، ينتظر من التلاميذ أن يحققوها، وتسهل ملاحظتها وتقويمها، وتسمى العبارات التي تصاغ بها مثل هذه النتائج المرغوبة المتوقعة بالعبارات الهدفية.

ويشترط في هذه العبارات أن تكون مصوغة صياغة واضحة محددة في جمل معينة، ومن الأمثلة على الأهداف السلوكية ما يلي:

- أن يعدد الطالب الفصول الأربعة.

- أن يستعمل الطالب كلمة (حصن) في جملة مفيدة.

- أن يعيِّن الطالب موقع مدينة القدس على الخارطة.

ويشترط في الهدف السلوكي زيادة على كونه ملاحظاً ويمكن قياسه و الحكم عليه أن يكون:

١. مطابقاً للمعايير المرغوب فيها، والمفروض تحقيقها.

٢. مرتبطاً بمستوى الإنجاز ضمن المعايير الزمنية المطلوبة.

٣. مراعياً للاتجاهات والأسس الصحيحة للعمل.

ولتوضيح الخطوات المتبعة في اشتقاق الأهداف السلوكية من الأهداف العامة نضرب المثال التالي:

- هدف عام بعيد المدى : أن يكتسب المهارات اللغوية الأساسية.
- هدف عام مرحلي: أن يدرس الطالب الموضوعات النحوية المتعلقة بالمرفوعات مع الفهم.
- هدف خاص : أن يستوعب الطالب القواعد النحوية الخاصة بالفاعل.

ويمكن تحليل هذا الهدف الخاص إلى جملة من الأهداف السلوكية التي ترتبط به، وتنبثق منه، وهي:

- أن يبين الطالب مفهوم الفاعل (وأن يعرف الطالب الفاعل).
- أن يعطي الطالب مثلاً يشتمل على الفاعل.
- أن يعيِّن الطالب الفاعل في عدد من الجمل تعطى له.
- أن يكتب الطالب جملة تكون فيها كلمة (المعلم) فاعلاً.
- أن يميز الطالب الفاعل من غيره من المرفوعات في نص يعطى له.[1]

[1] - د. صالح هندي وهشام عليان، التعلم والتعليم الصفي، ص ١٧ .

وأخيراً، فإن عملية صياغة الأهداف تشكل جزءاً مهماً من تصميم التدريس، لذلك يجب على مصمم التدريس أن يحيط بهذه العملية بصورة متقنة.

ويثور في الأذهان سؤال هو: لماذا يميل مصممو التدريس عادة إلى وضع الأهداف التعليمية في بداية مرحلة التخطيط ، والجواب لأنها تساعد في توضيح التفكير، وتسمح للمخطط أو المصمم التدريسي أن يحدد ما الذي ينبغي تعلمه أو إنجازه في تعلم موضوع أو مهمة ما.

اختيار موضوعات مهمات العمل و تنظيمها:

إن اختيار مهمات العمل يعّد من الموضوعات الأساسية في تحديد الغايات التربوية؛ فإن المخططين التربويين المختصين يقومون بوضع قائمة للموضوعات التي تشتق وتؤخذ من محتويات الموضوع الذي يراد التدرب عليه، والتي تشكل الهدف الذي سيقوم عليه نشاط التعلم والتعليم، ويتبع في ذلك الخطوات التالية:

١. تحديد المستوى:- ونعني بالمستوى - كما في لغة الطلبة و المعلمين - الصف الدراسي، أو الفصل الدراسي، كقولهم : الصف الأول أو الخامس، أو العاشر، وهكذا...، وكقولنا: السنة الأولى الجامعية، أو الثانية الجامعية، أو الماجستير أو الدكتوراه؛ فهذه كلها مستويات.

٢. تحديد الموضوع:- فالأحياء موضوع والتربية الإسلامية موضوع والنحو العربي موضوع، وهكذا.... .

٣. تجميع المصادر و المراجع المتعلقة بالموضوع واستشاراتها.

٤. وضع قائمة بالموضوعات الفرعية التي يمكن تضمينها في الموضوع، كالوحدات الدراسية، وما ينبثق عنها من دروس لها ارتباط بها.

وقد أورد د. يوسف قطامي في كتابه أساسيات تصميم التدريس المثال التالي حول اختيار الموضوع وتجميع المصادر واستشارتها، وحول اختيار وحدات الموضوع[1]:

١. الموضوع: الحماية من الإشعاعات.

٢. المراجع:

- أدلة الحماية من الإشعاعات.

- الإرشادات الخاصة بالمصانع لتدريب العاملين.

- التعليمات والقوانين الحكومية الخاصة بالموضوع.

- الإجراءات المتبعة التي تحكم الحماية من الإشعاعات في المعمل.

- أدلة الأدوات والأجهزه والمعلومات الإشعاعية.

وبناءً على هذه المراجع تم استنباط قائمة الموضوعات الضروريه على النحو التالي:

- مراقبة الأجهزة.

- قوة نفاذ الإشعاعات.

- التلوث.

- مخاطر الإشعاعات.

- الإجراءات المتبعة للسلامة و حماية البيئة.

---

[1] - أساسيات تصميم التدريس، يوسف قطامي، ص ٥٠

- تعليمات وإرشادات الإستخدام.

وهاك مثالاً آخر تأخذه من الخطوط العريضة لمنهاج اللغة العربية للصف الثالث الابتدائي في المملكة الأردنية الهاشمية، وهو على النحو التالي:

١. الموضوع: التدريب اللغوي.

٢. المراجع:

- مجموعة من الخبراء وأساتذة الجامعات المتخصصين.

- مجموعة من الموجهين التربويين في مجال اللغة العربية.

- مجموعة من الأساتذة الميدانيين الذين يدرسون اللغة العربية للصف الثالث الابتدائي.

- مجموعة من كتب مناهج اللغة العربية في الأقطار العربية الأخرى .

- كتب النحو والصرف.

وبناءً على هذه المراجع تم وضع قائمة بأسماء الوحدات الدراسية (الموضوعات) المناسبة، وعلى النحو التالي:

- أنواع الكلمة.

- أنواع الفعل.

- المبتدأ و الخبر المفرد وحركة آخر كل منهما.

- المفرد و المثنى و الجمع.

- المذكر و المؤنث.

- استعمال أسلوب النداء الصحيح.

- استعمال أسلوب الاستفهام الصحيح.

ويختلط على بعض الدارسين التمييز بين مفهومي الموضوع والمهمة، ولتوضيح ذلك نقول :

إن الموضوع هو العنوان الذي يتألف من مجموعة من المعارف و الخبرات التي تشكل المحتوى الدراسي للمنهج.

أما مهمة العمل فهي العنوان الذي يشير إلى المهارات التي سيتم من خلالها إنجاز العمل وتحقيقه.

وللتمييز بين المفهومين نورد الأمثلة التالية :[١]

- اسم المادة: بيولوجيا الإنسان.
- الهدف من تدريس المادة: إثارة اهتمام الطلبة لدراسة الأجهزة التي يتكون منها جسم الإنسان لتحقيق الأحسن لأنفسهم.
- الموضوعات:

١. الهيكل العظمي.
٢. الجهاز العضلي.
٣. الجهاز الهضمي.
٤. الجهاز الدموي.
٥. الجهاز التنفسي.
٦. الجهاز التناسلي.

[١] - أساسيات تصميم التدريس، ص ٥٢ ، مرجع سابق .

فهذه كلها عناوين موضوعات، ولا تشير إلى إنجاز، أو القيام بأي عمل أو مهارة.

مثال آخر :

- اسم المادة: تطبيقات في التعلم والتعليم الصفي.
- الهدف من تدريس المادة: ممارسة المهارات الأساسية وإتقانها في عمليتي التعلم والتعليم الصفي.
- المهمات/ الموضوعات:
  ١. صياغة الأهداف السلوكية.
  ٢. بناء المخططات المفاهيميه.
  ٣. إدارة الصف الفعال.
  ٤. طرح الأسئلة الصفية.
  ٥. التفكير الإبداعي.
  ٦. التفكير الناقد.

فأنت ترى أن هذه العناوين هي عبارة عن مهمات؛ لأنها تشير إلى المهارات التي سيتم من خلالها إنجاز العمل.[١]

وخلاصة القول: إن الموضوعات تتعلق باكتساب المعلم المعرفة من المحتوى كالمعارف والمفاهيم، والحقائق، والمبادئ والأفكار، ثم التفاعل معها، وتمثلها، ليتمكن في المستقبل من توظيفها لحل مشكلاته واكتساب مهارات تنفعه.

[١] - نعد البندين ٥ ، ٦ من نوع الموضوعات اذا كانت الغاية منهما دراسة مفهومي التفكير الناقد والتفكير الإبداعي، وليس التدريب عليهما باعتبارهما مهارتين.

وأما المهمات فتتعلق بالأنشطة والأداءات الحركية والجسمية، وتتحقق الإنجازات منها بأهداف نفسحركية، يستخدم الإنسان فيها أعضاء الجسم المختلفة.

وإذن، فعلى مصمم التدريس أن يضمن خطته هذين النوعين: المعرفي والأدبي، وذلك بأن يضع قائمة تتضمن الفقرات المعرفية، وقائمة أخرى تتضمن الفقرات النفس حركية، ولكن لابد من العناية بالأهداف الانفعالية الوجدانية وتحقيقها، كالميول والاتجاهات، ويتبين هذا بوضوح في نموذج الخطة السنوية المتبع في مدارس المملكة الأردنية الهاشمية المبين في الشكل التالي:

المعلم: المدرسة: الصف: المادة: العام الدراسي:

الوحدات	الأهداف			الأساليب والوسائل والنشاطات	وسائل التقويم	الزمن من- إلى	عدد الحصص
	العقلية	الانفعالية	الحركية				

شكل (٣) يوضح عناصر الخطة السنوية المتبعة في مدارس المملكة الأردنية الهاشمية

وإليك نموذج الخطة اليومية المتبعة في مدارس المملكة الأردنية الهاشمية، ويتبين فيه قائمة الأهداف التي يراد تحقيقها، والأساليب والوسائل والنشاطات المتبعة في تحقيق هذه الأهداف، ثم عمليات التقويم التي يتم بها التأكد من تحقيق الأهداف لدى التلاميذ، ومدى تحققها

المبحث: الدرس: عدد الحصص: الصف:

الزمن	الأهداف	الأساليب و الأنشطة	التقويم

شكل (٤) نموذج الخطة اليومية

إن على مصمم التدريس أن يقوم بتنظيم الموضوعات في خطته مراعياً ما يلي:

١. تحديد أهداف الموضوعات التدريسية و هي تتضمن المستويات الهدفية الثلاثة و هي:

- الأهداف المعرفيـة وتتضمن الخبرات والمعلومـات من حقائق ومفاهيم ومبادئ وقوانين وقواعد.
- الأهداف الانفعالية الوجدانية، من ميول واتجاهات و قيم.
- المهارات: الأدائية و الذهنية و الفكرية.

وهذه الأهداف تكون متناثرة في ثنايا النصوص الموجودة في الكتب المدرسية المقررة.

٢. ترتيب الموضوعات حسب الترتيب الزمني، أو الرقمي، أو أي ترتيب آخر.

٣. الانتقال من المستويات المحسوسة إلى المجردة، ومن البسيطة إلى الأكثر تعقيداً.

٤. الانتقال من الموضوعات العامة إلى الخاصة، والأكثر تحديداً.

٥. البدء بما هو متوافر عند المتدربين من مهارات و معارف.

تحليل المحتوى:

المحتوى في الواقع هو المادة الدراسية، أو الموضوع الدراسي ، أو النص الذي من خلاله يطمح المدرسون إلى تحقيق الأهداف التربوية والتعليمية لدى التلاميذ، وتكون هذه الأهداف على ثلاثة مستويات، هي:

١. الأهداف المعرفية، وتتشكل من مجموعة من الخبرات والمعارف (الحقائق والمفاهيم والمبادئ والقوانين والقواعد).

٢. الأهداف الأدائية، وتتألف من المهارات النفسحركيه و الذهنية.

٣. الأهداف الوجدانية، وتكون على شكل ميول ورغبات واتجاهات وقيم (اجتماعية ودينية و ثقافية وإنسانية).

وقد اجتهد بعض العلماء في تحديد المحتوى، وكان على رأسهم ميرل mirrill صاحب نظرية العناصر التعليمية، التي تتعلق بتحليل المحتوى، وهي نظرية يفترض فيها صاحبها أن عملية التعلم الصفية تحدث حسب إجرائين، هما:

■ عرض المادة التعليمية و توضيحها.

■ ثم طرح الأسئلة عن المحتوى التعليمي المتضمن للفكرة العامة، وما يتبعها من أمثلة توضيحية.

وافترض كذلك أن نواتج التعلم المنوي تحقيقها من المحتوى، يمكن تصنيفها في مستويين، هما:

١. المحتوى التعليمي المنوي تدريسه.

٢. مستوى الأداء التعليمي المخطط له بعد المرور في خبرة التعليم.

ويعني المحتوى التعليمي: الخبرات والمعارف التي تم التخطيط لها من قبل، بما تضمه من حقائق و مفاهيم وأفكار و مبادئ و مهارات واتجاهات.

ويجدر بالذكر أن المحتوى قد يكون محتوى مساق تعليمي كامل، أو محتوى حصة صفية، أو أي جزء من أجزاء الدرس.

الخطوات الإجرائية لتحليل المحتوى:

يمكن تحديد الخطوات الإجرائية لتحليل المحتوى على النحو التالي :

١. قراءة محتوى المادة التعليمة كلها و مراجعتها.

٢. تعيين الوحدات و الموضعات الدراسية، الرئيسية و الفرعية.

٣. تحديد المفاهيم والحقائق والمهارات والمبادئ والاتجاهات، والقيم التي تستخلص من كل موضوع دراسي.

٤. ترتيب الموضوعات و المفاهيم و تنظيمها، حسب سياق منطقي مناسب للبيئة المعرفية في الموضوع الدراسي من خلال الأمور التالية:

أ- وضع جدول يضم الموضوعات، أو الفقرات الدراسية، أو عناوين الدروس، وما يؤخذ من عناوين المفاهيم.

ب- تحديد عدد المحاضرات، أو الحصص الدراسية، أو الجلسات التدريبية اليومية، والأسبوعية، والفصلية، والسنوية إذا كانت مواد دراسية مدرسية.

ج- إعداد قائمة تفصيلية، أو جدول تفصيلي لكل مفهوم، تحت عنوان، أو موضوع، أو كل عنوان فرعي، بحيث تتضمن القائمة ما يلي:

■ معلومات تقريرية	Prepositional
■ معلومات شرطية	Conditional
■ معلومات إجرائية	Procedural

■ المهارات المرتبطة بالمفهوم، من تحديد للمبادئ و التعميمات والنظريات، ومهارات التفكير.

تعريف بالمعارف الثلاث:

الافتراضية (التقريرية) و الشرطية و الإجرائية.

١- المعرفة الافتراضية (التقريرية):

وهي معرفة تتعلق بالمعارف ذات الطبيعة الإعلامية البحتة، وتضم المفاهيم والمصطلحات، والمبادئ، والتعميمات، والنظريات، والأبنية، والتصنيفات، والفئات، والاتجاهات، والميول، والقيم، والعادات والتقاليد، والأعراف، والمعايير والحقائق.

ويسأل عنها عادة بأدوات الاستفهام التالية : لماذا، متى، ماذا، من، أين، يهدف توضيح العلاقة بين الأسباب والنتائج، مثل: ماذا تفعل إذا.......؟ ماذا يحصل إذا.......؟.

٢- المعرفة الإجرائية:

وهي معرفة تتعلق بالمعلومات والمعارف ذات الطبيعة، التي يقوم بها المتعلم من أفعال وأداءات، بعد مروره بخبرات وأنشطة تعليمية، ويقوم المخطط التدريسي بتحديد الأعمال والأفعال للمتعلم لكي يقوم بأدائها خطوة خطوة، ويمكن السؤال عنها عادة بأدوات الاستفهام التالية: كيف؟ ما؟ وهي التي يسأل بها عن ترتيب المهارات والأداءات، مثل:

كيف يعمل الميكروسكوب؟ ما الخطوات المتبعة في التدرب على الحفظ ؟

٣- المعرفة الشرطية:

وهي المعرفة التي تصف الاستراتيجية الأنسب التي ستنجح في تحقيق الهدف دون غيرها. وعادة ينظر إلى متى ينبغي استخدام الاستراتيجية المحددة في الموقف التعليمي، أو إلى الظروف والشروط التعليمية المناسبة، ويسأل عنها بـ(لماذا) وكيف يمكن أن.... ، مثل : لماذا نستخدم الطريقة الاستقرائية في تدريس القواعد؟ لماذا نستخدم الطريقة النمطية في تدريس الإملاء في الصف الثالث الابتدائي؟ كيف يمكن أن نستفيد من لوحة الجيوب في تدريس الإملاء في الصف الثالث الابتدائي؟

هرم مستويات المعلومات:

تصنف المعلومات بطريقة هرمية مدرجة تبدأ بالحقائق ثم المفاهيم ثم المبادئ ثم التعميمات ثم القوانين ثم النظريات كما هي مبينة في الشكل (٥).

أنواع المحتوى عند ميرل Mirril:

حدد ميرل المحتوى بأربعة أنواع ، هي: الحقائق، والمفاهيم، والمبادئ، والإجراءات التعليمية.

النوع الأول : الحقائق facts:

ويمثل أبسط مستوى من مستويات المعلومات، كما في الشكل (٥):

شكل (٥)

وتعد المادة الخام التي تنمو منها الأفكار، وتشتق منها التعميمات وبدونها لا يكون الفكر دقيقاً[1]. وتتضمن الخبرات التي تمَّ تناولها على وفق ظروف متعددة منظمة أو غير منظمة، يتم ترميزها على وفق رموز خاصة بالفرد عموماً.

وأول ما يبدأ به في التعلم العناصر والرموز والمواضيع والأحداث التي لا تربطها علاقة في البداية، ثم يتم تنظيمها بهدف استيعابها، وذلك بإدراجها تحت

[1] - د. فؤاد سليمان قلادة ، الأهداف التربوية وتدريس المناهج، ص ١٢٢ .

عناوين ورموز تتعلق بأحداث وتواريخ أو أسماء أو معرفة أو قواعد أو مهارات ترتبط بعلاقة السبب و النتيجة و غير ذلك.

وقد جعل جانيية الحقائق على النحو التالي:

- حقائق لفظية.
- مهارات تتمثل فيما يلي:

1. التمييز
2. المفاهيم الحسية.
3. المعرفة.
4. القواعد.
5. الاستراتيجيات المعرفية.

النوع الثاني: المفاهيم:

وهي عبارة عن أنساق- جمع نسق - معقدة، من أفكار مجردة، تتكون من خلال خبرات، أو مواد دراسية، كمفهوم الديموقراطية، والتغير الاجتماعي، ومفهوم الفئة في الرياضيات، والمتوسط والوسيط في الإحصاء، والذرة في الفيزياء، وغيرها ... فهو إذن، بنية ذهنية تتكون عادة من كلمة، أو كلمة وعدد من الألفاظ التي تحدد سمات المفهوم.

ويتألف المفهوم من خبرات ومعلومات الفرد المنظمة حول واحد أو أكثر من الأصناف، أو الكيانات أو المدركات سواءاً كانت أشياء أو أحداثاً أو أفكاراً أو عمليات تساعد الفرد على تمييز الكيان أو أفراد الصنف.

تعليم المفاهيم:

كلوزماير وبناء المفاهيم:

حدد (كلوزماير) مراحل بناء المفاهيم في ثلاث مراحل، وهي:

أ- المرحلة الأولى:

المستوى الحسي، أو المستوى التمثيلي (التطابقي). ويتم تعليم المفهوم من خلال هذا المستوى بالخطوات التالية:

١. عرض شيء حقيقي للمفهوم أو صفته، أو أي شيء حسي يدل عليه.

٢. ذكر اسمه، ومحاولة إيجاد العلاقة بين الاسم وما يدل عليه.

٣. مناقشة الطلاب فيما يدل عليه المفهوم، و تقديم تغذية راجعة فورية لهم.

٤. عرض المفهوم مرة ثانية لمعرفة مدى فهم الطلاب له.

٥. تكرار عرضه حتى يتم التأكد من استيعابه.

ب- المرحلة الثانية: المستوى التصنيفي:

وتتضمن هذه المرحلة ما يأتي:

١. توفير أكثر من مثال على المفهوم، وأمثلة أخرى لا تنطبق عليه.

٢. مساعدة المتعلم على الربط بين اسم المفهوم وأمثلته.

٣. مساعدة التلاميذ على التفاعل مع المفهوم عن طريق إدراكه للسمـات الخاصة بالمفهوم.

٤. تزويد الطلاب بتغذية راجعة فورية بعد أداء الاستجابات.

ج- المرحلة الثالثة: اكتمال المستويين التصنيفي والشكلي:

وتتضمن هذه المرحلة مايلي:

١- استثارة دافعية الطلبة نحو المفهوم لاستيعابه.

٢- تقديم أمثلة منتمية و غير منتمية للمفهوم المراد تعلمة.

٣- تهيئة خبرات المتعلم لكي تساعده على إدراك المفهوم واستيعابه.

٤- الطلب من الطلاب أن يذكروا سمات المفهوم التي تميزه عن غيره.

٥- الطلب من الطلاب تعريف المفهوم.

٦- الطلب من الطلاب استخدام المفهوم في صور تعليمية مختلفة.

النوع الثالث: المبادئ[١]:

وهي علاقة سببية ترتبط بين مفهومين أو أكثر، وتشير إلى تعميم أو قاعدة أو قانون، وقد عرفها مارزانو marzano، بأنها تعميمات تصف العلاقات بين المفاهيم والمبادئ وأن الأولى تشكل نقاطاً معزولة في الدماغ، ولكنها ترتبط بعلاقات قائمة تتحول إلى افتراضات ثم إلى مبادئ، أما المبادئ فإنها تشكل علاقات سببية بين المفاهيم كما أوضحنا سابقاً.

ومن الأمثلة على المبادئ قولنا:

- الزاوية القائمة أكبر من زاوية أخرى في المثلث. (مبدأ)

- يتناسب حجم الغاز المحصور تناسباً عكسياً مع الضغط الواقع عليه. (مبدأ)

- المربع هو شكل رباعي زاواياه قوائم و أبعاده متساوية. (مبدأ)

---

[١] - النوع الثالث من المحتوى عند ميرل.

- كان وأخواتها ترفع المبتدأ وتنصب الخبر. (قاعدة)

$$\text{السرعة} = \frac{\text{المسافة}}{\text{الزمن}}$$

- السرعة = المسافة / الزمن .(قانون)

وعند إعادة النظر في هذه العبارات نجد أنها تتألف من مجموعة من المفاهيم التي تترابط بعلاقات شرطية سببية، جعلتها توصف بأنها مبادئ أو قواعد أو قوانين أو تعميمات، ولولا هذه العلاقات أو الروابط أو القيود التي تؤلف بين هذة المفاهيم لظلت المفاهيم متناثرة تدل على ذات دلالتها فقط.

أصناف المبادئ عند كاتز و كلوزماير:

صنف كاتز و كلوزماير المبادئ خمسة أصناف، وهي:

١. مبادئ السبب والنتيجة:حيث إن العلاقات القائمةبين المفاهيم علاقات سببية.

٢. المبادئ الارتباطية: و تكون العلاقات بين المفاهيم فيها علاقات طردية، بمعنى أنه إذا حصل زيادة في العلاقة في متغير ما تحل زيادة في المتغير الآخر، والعكس صحيح.

٣. مبادئ الاحتمال: وهي المبادئ التي تشير إلى احتمالية ظهور حادث أو حالة، وتنشأ العلاقة الأساسية بين الأحداث الواقعة و الأحداث المحتملة.

٤. المبادئ البديهية: وهي المبادئ التي تتكون من حقائق مقبولة في الثقافات العالمية.

٥. الإجراءات: وهي تتألف من عدد من الخطوات والمهارات والطرائق مرتبة حسب تسلسل معين، بحيث يؤدي هذا التسلسل إلى تحقيق نواتج محددة.

طرائق معالجة المحتوى التعليمي:

هناك طريقتان يتبعهما المدرسون في معالجة المحتوى التعليمي، وهما:

١- الطريقة الاستنتاجية: وهي طريقة تبدأ بالتعميمات ثم إلى المشاهدات والتطبيقات[١].

٢- الطريقة الاستقرائية: وهي تبدأ بالحقائق والتفاصيل والمشاهدات، ثم صياغة مفاهيم ومبادئ، تؤدي في النهاية إلى التطبيقات وحل المشكلة[٢].

تحليل المهمة:

يعني مفهوم المهمة الأداء أو العمل المحدد الذي يؤديه الفرد في إطار عمله، وهي جزء من العمل الذي يتكون من عدد كبير من المهمات المختلفة في شكلها و تركيبها، ولكنها تتكامل مع بعضها، وتندمج مع غيرها من المهمات التي تشكل العمل الكلي.

ونعني بتحليل المهمة أن يقوم المصمم أو المدرس أو المعلم بتوصيف كيفية أدائها، وذكر الخطوات والإجراءات التي يقوم بها الفرد عندما ينفذ تلك المهمة، وتحديد معايير الأداء المقبول في كل خطوة، وتحديد المشكلات والصعوبات المتوقعة، والبدائل المناسبة للتغلب عليها وتجاوزها، ويجب أن تكون الخطوات الأدائية مرتبة بطريقة منظمة، ويؤدي القيام بها إلى إنجاز المهمة وتحقيق أهدافها على شكل نتائج.

[١]- كانت هذه الطريقة الوحيدة المتبعة في تدريس قواعد اللغة العربية، حيث كان المدرس يذكر القاعدة النحوية أولا، ثم ينتقل إلى التطبيقات من خلال الأمثلة ويسميها بعضهم الطريقة القياسية.

[٢]- هذه الطريقة متبعة الآن في تدريس قواعد اللغة العربية، حيث تعرض الأمثلة أولاً، ثم يتم استقراؤها، ومن الملاحظات وإدراك العلاقات الجزئية الصغرى، يتم التوصل إلى القواعد الصغرى، ثم القواعد الكبرى ثم يعود المعلم إلى التطبيقات من خلال الأمثلة العديدة والمنوعة.

تحليل مهارة حل المشكلة:

للمشكلة عدد من التعريفات، يمكن تلخيصها في التعريفين التاليين:

١- المشكلة وضع يحتوي على عائق يحول بين الفرد وتحقيق غرضه المتصل بهذا الوضع.

٢- موقف معين يحتوي على هدف يراد تعيينه [1].

وعند تحليل المهارة نقوم بتقسيمها إلى أجزائها أو الخطوات المكونة لها، وهذه الخطوات أو الأجزاء إذا تم تجميعها و تنفيذها فإنها ستشكل في النهاية أداء المهارة أو العمل المقصود.

ويعدّ تحليل المهارة مهماً و مفيداً للأسباب التالية:

١- أنه يؤدي إلى فهم طبيعة التغييرات و التطويرات المقصودة.

٢- أنه يؤدي إلى تحديد التدريب اللازم، الذي يترتب على تحديد الأهداف التدريبية والأهداف غير التدريبية اللازمة لتحقيق التغييرات المستهدفة، سواء أكانت هذه الأهداف معرفية أم نفسحركية، أم وجدانية.

٣- أنه يعين تحديد الأهداف التدريبية، وبالتالي توفير الفرص المناسبة لتحقيق تلك الأهداف، وخير مثال على صدق ما نقوله نموذج جانييه التالي في تحديد الأهداف التعلمية.

نموذج جانييه في التحليل المهمة التعليمية:

إن الخطوة الأولى في تصميم الخطة عند جانييه هي البدء بتحديد الأهداف التعليمية، ولذلك فإنه يشير علينا- إذا أردنا أن نصمم مساقا أو خطه تدريبيه- أن

[1] - أساسيات تصميم التدريس، ص ٧٩ .

نبدأ بالهدف وتحدده،لأنه كلما كانت الأعمال والأداءات الإنسانية موضوعة ومحددة بصورة جيدة كانت النتائج المستهدفة والتي ننوي تحقيقها أكثر وضوحاً.

ويذكر جانييه أن الأهداف التي نريد أن نتوصل إليها من حيث مدى تحقيقها نوعان:

أ- أهداف يمكن تحقيقها في نهاية الدراسة.

ب- أهداف يجب تحقيقها خلال الدراسة.

فأما الصنف الأول فيسمى الأهداف المطلوبة، و أما الصنف الثاني فيسمى الأهداف المعينة.

فعلى المعلم إذن- أن يعرف هذه الأهداف المنشودة، و أن يصوغها بعبارات دقيقة تؤدي إلى ما نريد تحقيقه من الهدف بصورة كاملة، لأن الألفاظ و الكلمات إذا لم تتم صياغتها بطريقة دقيقة فستؤدي إلى اللبس و التشتت، و بالتالي الفشل في تحقيق الهدف، ومن هنا يجب على المعلم أن يعرف ماذا يريد وما الذي يهدف إلى الوصول إليه بالضبط.[١]

وهذا يقودنا إلى القول في النهاية إنه على المعلم أن يعرف ما الخطوات التي سيبدأ بها، وما التي سينتقل إليها، وما المهارات والإنجازات والأدوات الملائمة والمناسبة للمواقف التعليمية المختلفة.

---

[١]- عند و ضع المعلم الخطة التدريسية الصفية لحصة صفية معينة، فإنه يجب أن يتجنب التعرض للأهداف البعيدة، وأن يلتزم بصياغة الأهداف السلوكية الملاحظة و التي يمكن قياسها والحكم عليها.

أنواع تحليل المهمة:

يذكر القطامي في أساسيات تصميم التدريس أن هناك ثلاثة أنواع من تحليل المهمة، وهي:

١- عملية تحليل المعلومات:

وهي وصف تفصيلي وترتيبي لتحديد الخطوات والأعمال المتلاحقة الموجودة في الأداء، مثل زراعة الأشجار في يوم الشجرة، وتكون الخطوات على النحو التالي:

١- تحديد أماكن الحفر.

٢- حفر الأماكن بالمواصفات المناسبة.

٣- تحضير الأشجار المناسبة.

٤- شق الغلاف البلاستيكي الذي يغلف جذور الشجرة.

٥- استخراج النبتة ووضعها في الحفرة.

٦- إهالة التراب عليها و تلبيده.

٧- سقي الشجرة.

ويمكن تطبيق هذه الخطوات على مهارات كثيرة، مثل: مهارة القراءة الصامتة، مهارة حفظ محفوظة، مهارة الطباعة على الآلة الكاتبة، وغيرها....

٢- تصنيف المهمات التعليمية:

ونعني بالمهمات التعليمية: المهارات العقلية، المعرفة والمعلومات، والاتجاهات، المهارات الحركية.

ويجب على المعلم أن يعرف نوع المهمة، ويصنفها في الجانب الذي تنتمي إليه كما في الجدول التالي:

الرقم	المهمة	تصنيف المهمة
١	تمييز حرف السين من الصاد.	مهارة عقلية - تمييز .
٢	إعطاء مثال على الفاعل.	مهاراة عقلية - أمثلة على قاعدة نظرية.
٣	كتابة موضوع إنشاء.	مهارة تركيب.
٤	استعمالات النار.	معلومات متصلة لإظهار المعنى.
٥	تمييز أوزان الشعر .	مهارات عقلية.
٦	اختيار قراءة القصص.	اتجاه .
٧	شد برغي .	مهارة حركية.
٨	تشكيل الكلمات في فقرة .	تطبيق، مهارة لغوية.
٩	شرح بيت من الشعر.	استيعاب، مهارة عقلية.
١٠	توضيح أهمية الماء للإنسان .	تقويم - مهارة عقلية.

جدول رقم(٣) وهو يبين تصنيف المهمات التعليمية

تحليل المهمة:

يتعلق تحليل المهمة بالأهداف التربوية، وهي قضية تربوية يجب على المتعلمين إتقانها، وهي حق لكل معلم متدرب أيضاً، فعلى المعلمين والمدربين أن يختاروا لهم قضايا أو مهارات يحبونها ويسهل عليهم تحليلها.

إن تحليل المهمة يساعد في معرفة المتطلبات الأساسية، التي تشكل أساساً متيناً تعتمد عليه عملية التعلم، وهذا يساعد في المفاهيم وتقويتها لدى التلاميذ، مما يكسبهم ثقة بمخزونهم المعرفي والخبراتي.

المتطلبات الأساسية للمهارات الذهنية:

إن المهارات الذهنية مثل المهارات الأخرى، تحتاج إلى متطلبات أساسية، وعلى المعلم أن يعرف ما تحتاجه هذه المهارات التي يعالجها من المتطلبات عند تصميم الخطة التدريسية. ومن الأمثلة على المهارات الذهنية: الفهم، والتطبيق، والتحليل و التركيب و التقويم.

وتعتبر المهارات الذهنية أهدافاً في حدّ ذاتها، وهي تتكون من مهارات بسيطة وأخرى مساعدة، وإن تعلم هذين النوعين يعدّ متطلباً أساسياً في تعلم المهارة، وإن التعلم السابق للمتطلبات الأساسية للمهارة يحصل في وقت سابق أيضاً، وقبل تعلم المهارة الهدفية في نفس الدرس.

ومن الأمثلة على المهارات الذهنية البسيطة التي تعدّ هدفاً في حدّ ذاتها عمليتا الجمع و الطرح.

ومن الأمثلة على المهارات الذهنية المساعدة في عملية الطرح عملية الاستلاف وهي تحصل عندما يكون الرقم المطروح أكبر من الرقم المطروح منه، مما يضطر الطالب إلى الاستلاف من الرقم المجاور له على اليسار بعملية حسابية معروفة تساعد على تسهيل طرح الرقم الكبير من الأصغر منه كما في المثال التالي:

$$- ٣٢٢$$
$$\underline{١٥٧}$$
$$١٦٥$$

وتشبهها أيضاً عملية الحمل أو الاحتفاظ باليد في عملية الجمع كما في المسألة الحسابية التالية: ٢٥٧ +

٣٨٦

٢٩١

٩٣٤

إن تعلم هذه المهارات المساعدة يكون قد حصل مسبقاً، وهي مهارات مهمة، ستصبح فيما بعد مهارات أساسية، أو متطلباً أساسياً، لأنه بدونها لا يتم الطرح ولا الجمع.

إذن فالمهارات التي تتطلب متطلبات أساسية ومتطلبات مساعدة، هي مهارات تتطلب تحليلاً مسبقاً، لأنها قبل التحليل تكون مركبة ومعقدة و صعبة، والتحليل يسهلها ويبسطها. وعلى المعلم أن يكون على علم بمدى صعوبة أو سهولة المهارة.

ويقودنا هذا الكلام إلى الاستنتاج التالي: إن المتعلم إذا امتلك مهارة معينة فإنه يستطيع أن ينقلها إلى مواقف أخرى، وأن يستفيد منها في تعلم خبرات جديدة.

التوزيع الهرمي للمهارة:

يساعد التوزيع الهرمي للمهارة على تحديد الأوليات التي تتألف منها المهارة، وهذا يساعد على تحديد الاستعدادات القبلية لتعلم المهارة، كما تساعد المعلم والتلاميذ والمدرب على تحليل المتطلبات وتدريجها؛ لأن هذا يعين المعلم والمدرب والتلميذ على وضع خطة مناسبة للتدريس وحسب تدرج مناسب يتم السير بها وتنفيذها بشكل ناجح.

وقد حدد جانييه الأهداف التعليمية التي سيركز عليها المدرس في خطته على النحو التالي:

١- المعلومات اللفظية.

٢- المهارات الذهنية الفكرية.

٣- الاستراتيجيات المعرفية – لفظا وتقديم الأمثلة على ذلك .

٤- الاتجاهات .

٥- المهارات الحركية.[١]

وخلاصة القول: إن التوزيع الهرمي للمهارة يمكن ترتيبه على النحو التالي:

١- تحديد الخطوات التعليمية المراد توزيعها.

٢- تحديد المتطلبات السابقة.

٣- تحديد التعلم المقبل.

٤- تحديد قاعدة الهرم التدريبي و قمته و ما بينهما.

ولكي لا يكون التدرب على المهارة عملية آلية ينصح أن يدرب التلاميذ والمتدربون على معالجة المواقف الجديدة، وذلك بالاستفادة من نقل خبراتهم التي تعلموها إلى هذه المواقف الجديدة؛ مما يتيح فرصة حقيقية للتعلم.

[١]- أساسيات تصميم التدريس، ص ٩٠ .

الباب الثالث
الأهداف التعليمية

- مصادر الأهداف التعليمية .

- الهدف السلوكي الجيد، وصياغته، وبناؤه.

- خطوات اشتقاق الهدف السلوكي، ومكوناته.

الباب الثالث
الأهداف التعليمية

مصادر اشتقاق الأهداف التعليمية:

في بداية الأمر لابد من تعريف الأهداف التربوية و الأهداف التعليمية، لمعرفة العلاقة التي تربطهما و معرفة الفرق بينهما.

الأهداف التربوية:

تعرف الأهداف التربوية بأنها "أهداف وقيم عامة تتضمنها الفلسفة التربوية، وتنبثق منها الأهداف التعليمية"[1].

ونستنتج من الجملة الأخيرة أن الأهداف التعليمية تشتق من الأهداف التربوية. وهي عادة تركز على المتعلم أكثر من تركيزها على ما يتعلم، ومن أمثلتها:

- خلق المواطن الصالح.

- خلق جيل واع مستنير، مؤمن بربه ووطنه وأمته.

الأهداف التعليمية:

أما الأهداف التعليمية فتعرف بأنها " ما يود المعلم أن يحققه لدى المتعلم عند الانتهاء من تدريس وحدة دراسية أو موضوع معين".

---

[1] - سبع أبو لبدة، مبادئ القياس النفسي والتقييم التربوي، ص ١٥٣ .

ويعرفها ((جرونلاند)) بأنها : "حصيلة عملية التعلم مبلورة في سلوك، على أن هذا السلوك يمكن أن يكون حركياً كالسباحة أو عقلياً مثل معرفة شيء ما، أو انفعالياً مثل اتجاه أو تنمية ميل معين لدى المتعلم" [1].

ويعرفها "دي ستيلو" بأنها : "المنتوج النهائي للعملية التدريسية، كما يبدو في إنجاز بشري أو أداء قابل للملاحظة" [2].

ويعرفها "توق" و "عدس" بأنها : "توضيح رغبة في تغير متوقع في سلوك المتعلم" [3].

مصادر اشتقاق الأهداف التعليمية:

من أهم المصادر التي تشتق منها الأهداف التعليمية ما يلي:

١. المجتمع و فلسفته التربوية، وحاجاته وأهدافه، وتراثه الثقافي وقيمه واتجاهاته، وعاداته وتقاليده، وحضارته العلمية والثقافية، من فن وأدب ، وما في بيئته من عناصر جمالية، و..

٢. المتعلمون وخصائصهم وحاجاتهم وميولهم ودوافعهم ومشكلاتهم ومستوى نضجهم وقدراتهم العقلية، وطرق تفكيرهم وتعلمهم وحاجاتهم النفسية [4].

---

[1] - المصدر السابق، ص ١٥٤ .

[2] - المصدر السابق، ص ١٥٤ .

[3] - محي الدين توق وعبد الرحمن عدس، أساسيات علم النفس التربوي، ص ٣٢ .

[4] - حاجات الإنسان هي: الحاجات الأساسية البيولوجية- الحاجات النفسية- الحاجات الاجتماعية- حاجات توكيد الذات.

ويورد قطامي في كتابه أساسيات تصميم التدريس نموذجاً يبين تنظيماً للخطوات والطريقة التي تشتق منها أهداف التدريس، وأهداف التعلم من أهداف المجتمع، على النحو التالي:[1]

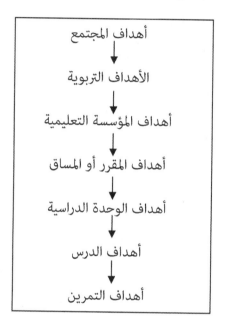

أهداف المجتمع

↓

الأهداف التربوية

↓

أهداف المؤسسة التعليمية

↓

أهداف المقرر أو المساق

↓

أهداف الوحدة الدراسية

↓

أهداف الدرس

↓

أهداف التمرين

ولقد أوكل المجتمع إلى المدرسة تحقيق الأهداف التربوية و التعليمية بعد أن كان البيت هو المسؤول عن ذلك؛ لأن الغايات التربوية والتعليمية أصبحت أكثر اتساعاً وتعقيداً، فكان لابد من تنظيمها و تسهيلها، حتى تتحقق هذه الأهداف لدى المتعلم على شكل نتاجات مرغوبة؛ لأن المدرسة يتوفر فيها أناس خبراء وأقدر على تحقيق الأهداف من الأم و الأب.

---

[1] - يوسف قطامي، أساسيات تصميم التدريس، ص ٩٦ .

إن المعلم أو مصمم التدريس هو المهندس الذي أوكل إليه المجتمع التخطيط للعملية التربوية، والعملية التعلمية التعليمية؛ لأنه أقدر الناس على معرفة الأهداف التربوية، وأهداف المؤسسة التعليمية.

ويجب أن نعلم أن المدرس ليس من اختصاصه وضع الأهداف التربوية البعيدة المدى، بل إنها من اختصاص رجال السياسة كالحكام والوزراء، والفلاسفة والحكماء والخبراء والمنظرين.

ولكن المدرس يمكنه أن يقوم بثلاثة أنواع من الأهداف التالية، وهي تكون ضمن محتوى المنهاج والمقرر الدراسي لمادة دراسية معينة:

١- أهداف عامة، وتكون ضمن المخطط السنوي.

٢- أهداف فصلية أقل عمومية من الأهداف العامة.

٣- الأهداف الخاصة المباشرة، وهي الأهداف السلوكية.

الهدف السلوكي التعلمي:

يعرف الهدف السلوكي بأنه نوع من الصياغة اللغوية التي تصف سلوكاً معيناً يمكن ملاحظته وقياسه، ويتوقع من المتعلم أن يكون قادراً على أدائه في نهاية نشاط تعليمي تعلمي محدد.

صياغة الهدف السلوكي:

عند صياغة الهدف السلوكي ينبغي أن نراعي ما يلي:

١- أن تصف العبارة الهدفية السلوك المتوقع من المتعلم بعد أن يتم التعلم، والمحتوى والسياق الذي يتم فيه السلوك، مثل:

- أن يقرأ الطالب درس الخبز الأسمر قراءة جهرية سليمة.

- أن يذكر الطالب خطوات الطريقة العلمية في البحث.

٢- أن تصف العبارة الهدفية سلوكاً تسهل ملاحظته وقياسه والحكم عليه مثل:

- أن يعطي الطالب مثلاً على الفاعل المثنى في جملة مفيدة.

- أن يستخرج الطالب حاصل ضرب ٥×١٢.

٣- أن تكون العبارة الهدفية مبدوءة بفعل مضارع مسبوق بأن، بإعتبار أن المتعلم سيقوم به، مثل:

- أن يرسم الطالب خارطة صماء للملكة الأردنية الهاشمية.

- أن يكتب الطالب كلمة (سأل) على دفتره.

٤- أن تشير العبارة الهدفية إلى نتيجة التعلم، لا إلى عملية التعلم، ونعني بنتيجة التعلم ما يتوقع أن يكتسبه الطالب من خلال عملية التعلم، وأما عملية التعلم فتعني التفاعل الذي يحدث بين المتعلم والمعلم والمنهاج والطريقة والأسلوب والوسيلة التعليمية وكل عناصر الموقف التعليمي، مثل:

- أن يعدد الطالب خصائص الهدف السلوكي.

إن هذه العبارة تصف نتيجة التعلم؛ لأنها ركزت على ما سيكتبه في نهاية الموقف التعليمي.

ومثال على الصياغة التي تصف عملية التعلم قولنا:

- أن يتعلم الطالب جمع عددين مؤلفين من خانتين.

فكلمة "يتعلم" تشير إلى عملية التعلم التي يشارك فيها كل من الطالب والمدرس والمنهاج والكتاب المقرر، وكل العناصر التعليمية المتاحة في الموقف التعليمي. ومن الأمثلة الأخرى على هذا النوع من الصياغة قولنا:

أن يتدرب، أن يتمرن ، أن يتقن....... .

٥- أن يشير الفعل إلى سلوك يقوم به الطالب، وليس المعلم، مثل:

- أن يردد الطالب كلمة "استنتج" ثلاث مرات بصوت مسموع.

إن هذه الصياغة تصف سلوك التلميذ. وأما قولنا:

- أن تشرح المعلمة البيت الرابع في القصيدة.

فإن هذه الصياغة تركز على سلوك المعلمة لا على سلوك التلميذ، وهي صياغة مرفوضة، لأنها ليست سلوكية.

٦- أن تشتمل العبارة الهدفية محتوى السلوك، مثل:

- أن يذكر الطالب ثلاثة من أسماء الأسد.

فقولنا "من أسماء الأسد" هو تحديد لمحتوى السلوك.

- أن يقرأ الطالب فقرة من درس "الربيع في بلادنا"، فعبارة:

"الربيع في بلادنا" تحدد محتوى.

٧- أن تحدد العبارة الهدفية مستوى الأداء المطلوب، مثل:

- أن يحدد الطالب سبعة على الأقل من الأسباب الحقيقية للحروب الصليبية.

فإذا عدد الطالب سبعة من الأسباب، فهو ناجح ومقبول، وإذا عدد ستة فهو غير مقبول، وهكذا....... . ومثال آخر:

- أن يقرأ الطالب الدرس قراءة سليمة بنسبة من الخطأ لا تتجاوز ٥٠%.

٨- أن تشتمل العبارة السلوكية فعلاً سلوكياً واحداً، فمن الخطأ أن نقول:

- أن تكتب الطالبة كلمة (يئس) على السبورة، وتشرحها.

لأن العبارة تصف سلوكين هما: الكتابة والشرح، والصواب أن تقول:

- أن تكتب الطالبة كلمة (يئس) على السبورة. أو

- أن تشرح الطالبة كلمة (يئس).

لأن كل عبارة من العبارتين تتضمن سلوكاً واحداً فقط.

٩- أن تكون العبارة الهدفية معبرة عن حاجات التلاميذ الحقيقية، ومرتبطة بمتطلبات المنهج، مثل:

- أن يحدد الطالب ثلاثة أعمال يقوم بها الأب في رعاية الأسرة.

- أن يذكر الطالب وسيلتين يحافظ بهما على أسنانه.

١٠- أن تكون العبارة الهدفية مصوغة على مستوى مناسب من العمومية والشمول، فتصف النواتج التعلمية المتوقعة في المجالات المعرفية والانفعالية الوجدانية والنفسحركية المهارية مثل:

- أن يقرأ الطالب درس (عمر بن الخطاب) قراءة سليمة (هدف مهاري)

- أن يذكر ترتيب عمر بن الخطاب بين الخلفاء الراشدين (هدف معرفي).

- أن يحب عمر بن الخطاب العادل (هدف وجداني).

١١- أن تصف العبارة الهدفية سلوكاً ممكناً، ويستطيع الطالب أن يؤديه، وأن لا يكون معجزاً وأعلى من قدراته. مثل:

- أن يقفز الطالب حاجزاً ارتفاعه ٨٠ سنتمتراً.

فإن قلنا:

- أن يقفز الطالب حاجزاً ارتفاعه ١٨٠ سنتمتراً.

فإن هذا أعلى من قدراته.

١٢- أن تصف العبارة الهدفية نتاجاً تعلمياً، ينتظر من التلاميذ أن يحققوه، ويحدد مستوى من الأداء المقبول دليلاً على بلوغه، مثل:

- أن يطبع الطالب خمسين كلمة في الدقيقة بدون أخطاء، فالنتاج التعليمي في هذا المثال هو قيام الطالب بالطباعة، أما مستوى الأداء المقبول فهو: طباعة خمسين كلمة في دقيقة واحدة بدون أخطاء.

١٣- أن تصف العبارة السلوكية هدفاً قابلاً للتحقق في فترة زمنية محددة (حصة دراسية مثلاً).

وفي الحقيقة إن للمدرسة السلوكية دوراً مهماً في تحديد خصائص الهدف السلوكي، وخاصة (سكنر) الذي أجرى دراسة موضوعية للسلوك وتحليله، وخلاصة فرضيته أن السلوك التعليمي سلوك معقد، وحتى يمكن فهمه وتفسيره، فلا بد من تحليله إلى أجزاء صغيرة جداً تسمى وحدات سلوكية، لذا فإن ما تم تعلمه على صورة نتاجات تعليمية هي وحدات مصغرة أو أهداف صغيرة، يمكن تحقيقها في فترة زمنية معينة.

صياغة روبرت ميجر للأهداف:

من المتفق عليه لدى جميع العلماء أن الأهداف التربوية هي المصدر الرئيسي الذي تشتق منه الأهداف البعيدة المدى، وهي أهداف المساق التعليمي، أو المقرر الدراسي السنوي، وهذه تشتق منها الأهداف نصف الفصلية، ثم الأهداف الخاصة التي تمثل الوحدة الدراسية، ثم الأهداف السلوكية.

ويشير ميجر إلى أنه على المعلم إذا اختار مادة دراسية ليقوم بتدريسها أن يحدد أهدافه فيقوم بما يلي:

١- أن يحدد الأهداف التي يريد أن يتوصل إليها في نهاية الفصل الدراسي وفي نهاية النشاط التعليمي.

٢- أن يحدد المحتوى و النشاطات و الأساليب التي من خلالها تتحقق الأهداف.

٣- أن يستحث همم الطلاب على التفاعل الصفي مع المادة الدراسية اعتماداً على معرفته لسيكولوجية التعلم.

٤- أن يقوم بقياس وتقويم مدى تحقق الأهداف التي خطط لها في بداية العملية التعلمية لدى كل تلميذ.

ويعرف ميجر الهدف بأنه: "مقصد في نفس المعلم يريد تحقيقه لدى المتعلم"، ويرى ميجر أن هذا القصد يمكن أن يتحقق إذا تم تحديده وتوضيحه من خلال ما سيؤديه التلميذ بطريقة مناسبة.

مكونات الهدف السلوكي عند ميجر:

يقول ميجر إن الهدف السلوكي له ثلاثة مكونات أساسية، ويجب توفرها فيه حتى يقال إنه هدف، وهذه المكونات هي:

١- السلوك الظاهري للمتعلم: من المعروف أن التعلم هو إحداث تغير في سلوك المتعلم ناجم عن الخبرة، وهذا التغير الذي يراد إحداثه عند التلاميذ يجب أن يكون واضحاً ومحدداً وصريحاً ودقيقاً، وعلى صورة نتاجات سلوكية قابلة للملاحظة والقياس والتقويم، ويتم إجراؤها وتنفيذها بالقراءة وحل التمارين الرياضية والكتابة وأداء المهارات اللفظية أو الحركية.

وكل هذه مهارات أو أداءات أو إجراءات ظاهرة يمكن ملاحظتها وقياسها. أما ما يدور في ذهن التلميذ فهو غير ملاحظ لا يمكن قياسه إلا إذا عبر عنه بأقوال وسلوكيات واقعية.

ولذلك، يرى ميجر أن نحدد التغيرات التعليمية المراد إحداثها عند التلميذ بإجراءات سلوكية لفظية أو حركية (ظاهرة ومحسوسة) بعد أن يمر في تجربة أو خبرة تعليمية.

٢- شروط الأداء: ويقصد بها الظروف التي يحدث من خلالها السلوك النهائي للتعلم، والشروط التي يجب توافرها، فربما تسأل نفسك: كيف يمكن أن يتم تعلم استخراج لفظة من لسان العرب؟ ما هي الشروط والظروف التي يمكن أن تتبع في ذلك؟ .

٣- مستوى الأداء المقبول: ويقصد به تحديد مستوى الأداء المقبول من خلال تحقق الهدف لدى المتعلم، ويرى ميجر أن مستوى الأداء المقبول يكون ما بين ٨٠% - ١٠٠%، شريطة أن لا يقل عن ٨٠%.

ويمكن أن نحدد المعايير بصور منها:

١- معايير تتعلق بتغيرات زمنية مثل:

- أن يقرأ قصة مكونة من صفحتين قراءة فاهمة خلال عشر دقائق. (عشر دقائق معيار زمني)

- أن يحفظ سورة العلق خلال ربع ساعة. (ربع ساعة معيار زمني)

٢- معايير تتحدد بنسبة الإجابات الصحيحة، مثل:

- أن يكتب تسع كلمات من عشر باللغة الإنجليزية كتابة صحيحة.

- أن يكتب الطالب المعاني العربية المقابلة للكلمات الإنجليزية التي أعطيت له دون استخدام القاموس في مدة عشر دقائق.

- أن يعدد الطالب عشراً على الأقل من خصائص الهدف السلوكي.

- أن يركض الطالب ثلاثة كيلومترات في سباق الضاحية.

تصنيف بلوم للأهداف التعليمية:

صنف بلوم الأهداف التعليمية ثلاثة أصناف، هي: الأهداف المعرفية، والأهداف النفسحركية، والأهداف الوجدانية الانفعالية.

أهمية الأهداف السلوكية:

تظهر أهمية الأهداف السلوكية الصفية فيما يلي:

١- تخطيط عملية التعلم بشكل منظم ومدروس، تنظم وعي المعلم وانتباهه لما خطط له من نواتج تعليمية.

٢- يقلل فرص التخبط والتشتت في السعي نحو متابعة نشاط المعلم.

٣- تقليل العشوائية في الأنشطة والإجراءات كأسلوب التقويم وتوزيع الزمن.

٤- إن تصنيف الأهداف السلوكية في ثلاثة مجالات معرفية، ووجدانية ونفسحركية تؤدي إلى شمولية تؤدي إلى نمو المتعلم المتكامل في الجوانب المختلفة، العقلية، والجسمية والانفعالية والاجتماعية.

وقد لوحظ أن المعلمين يميلون إلى المجال المعرفي أكثر من غيره من المجالات، ويمكن إرجاع ذلك إلى ما يلي:

١- سهولة صياغتها.

٢- سهولة تحقيقها.

٣- قلة الجهود التنظيمية والخبرات التعليمية.

٤- تحقيقها أهداف أولياء أمور الطلبة والمجتمع التي تتمركز على الجوانب المعرفية دون غيرها.

٥- تكون الاختبارات النهائية منها في الغالب كاختبارات الدراسة الثانوية .

٦- سهولة قياسها .

الباب الرابع
مستويات الأهداف السلوكية

- الأهداف المعرفية.
- الأهداف النفسحركية.
- الأهداف الوجدانية.

الباب الرابع
مستويات الأهداف السلوكية

صنف بلوم الأهداف التعليمية ثلاثة أصناف،هي:

- الأهداف المعرفية.

- الأهداف النفسحركية.

- الأهداف الوجدانية.

وتقوم فكرة التصنيف على افتراض أن نتاجات التعلم يمكن أن توصف على صورة تغيرات معينة في سلوك التلاميذ، ويمكن للمعلمين أن يستفيدوا من هذا التصنيف في صياغة أهدافهم التعليمية في عبارات سلوكية.

ويورد القطامي في كتابه (أساسيات تصميم التدريس) ملاحظة هامة، وهي أن التغيرات نوعان: تغيرات مقصودة، ومخطط لها ،وتغيرات عرضية غير مقصودة، وغير مخطط لها، وأن هذه التغيرات العرضية لا تشكل تعلماً مخططاً مضبوطاً،ولا يستطيع مصمم التدريس اعتماد نتاجات عرضية؛لأن ذلك يقلل من جعل العملية التعليمية عملية منظمة هادفة، متدرجة ومتتابعة،وتسير في مراحل وترتبط بنواتج.[1]

أهمية تصنيف الأهداف السلوكية:

تكمن أهمية تصنيف الأهداف السلوكية فيما يلي:

١- توفير مدى واسع للأهداف.

---

[1]- أساسيات تصميم التدريس،ص١٢٤.

٢- المساعدة في حصول تسلسل في الأهداف.

٣- تحقيق تعزيز التعلم.

٤- تزويدنا ببناء معرفي.

٥- ضمان انسجام التدريس.

٦- المساعدة في صياغة فقرات تقويم مناسبة.

٧- المساعدة في بناء نموذج لخطة درس أو وحدة دراسية.

٨- تشخيص مشكلات التعلم.

٩- المساهمة في إنجاح مهمات تفريد التعلم.

١٠- المساعدة في صنع قرار يتعلق بالتعلم.

مستويات (مجالات الأهداف التعليمية بموجب تصنيف (بلوم)):

صنف بلوم الأهداف التعليمية ثلاثة أصناف هي:

١- المجال المعرفي الإدراكي، أو العقلي: ويتضمن المعلومات والحقائق.

٢- المجال الوجداني الانفعالي (العاطفي): ويتضمن الاتجاهات والقيم وما شابهها.

٣- المجال الحركي (النفسحركي): ويتضمن المهارات.

المستوى الأول: الأهداف المعرفية (الإدراكية العقلية).

وتتصل أهداف هذا المجال بالمعرفة والقدرات العقلية الذهنية، وتعد أكثر قابلية للملاحظة والقياس من الأنواع الأخرى، وتتراوح الأهداف المعرفية بين الاسترجاع البسيط لمواد متعلمة، والطرائق الأصلية الراغبة لربط وتركيب أفكار ومواد جديدة.

وقد صنف بلوم هذا المستوى ستة أصناف أدناها التذكر ثم الفهم والاستيعاب، ثم التطبيق، ثم التحليل ثم التركيب ثم التقويم ويمثلها المدرج في الشكل التالي:

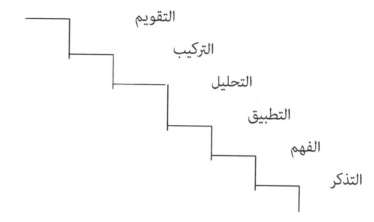

شكل(٦) ويبين تدرج مستويات الأهداف المعرفية.

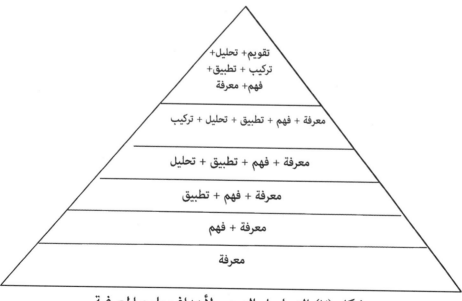

شكل (٧) التسلسل الهرمي لأهداف بلوم المعرفية.

وإليك تفصيل هذه المستويات الستة:

١- المعرفة (التذكر): Knowledge:

وتعد أبسط نتاجات التعلم في المجال المعرفي، وتتمثل في القدرة على تذكر المعارف والمعلومات التي سبق تعلمها من الذاكرة، ولا يشترط فهمها أو القدرة على استخدامها أو تفسيرها، ومن أمثلتها الصياغات السلوكية التالية:

- أن يعرف الطالب المبتدأ.

- أن يذكر الطالب تاريخ فتح مكة.

- أن يتعرف الطالب أجزاء القلب.

- أن يعدد الطالب فوائد الصيام.

- أن يسمي الطالب أجزاء الزهرة.

- أن يُعيِّن الطالب المبتدأ من بين عدد من المرفوعات في نص يعطى له.

٢- الاستيعاب والفهم Comprehension:

ويمكن أن نلاحظ هذا الهدف عن طريق ترجمة المادة الدراسية المتعلمة من صورة إلى أخرى، كأن يحول المتعلم الكلمات إلى أرقام، أو يفسر مفهوماً ما بلغته الخاصة.

ويلاحظ أن هذا المستوى يركز على ثلاثة أبعاد أساسية، وهي:

أ- الترجمة: وتعني التعبير عن الذات وعن الأفكار بأسلوب خاص.

ب- التفسير: ذكر السبب والشرح بطريقة خاصة ومقنعة.

ج- التنبؤ: التوقع المبني على أسس ومقدمات منطقية.

ومن الصيغ التي تعبر عن هذا الهدف في صياغة سلوكية ما يلي:

- أن يعطي الطالب معنى فقرة قرأها بلغته.
- أن يستخرج الطالب الأفكار الرئيسية في نص معين.
- أن يعرّف الطالب قانون "أرخميدس" بلغته الخاصة.
- أن يترجم الطالب الأرقام العددية إلى ألفاظ كتابية.
- أن يقدر الطالب سبب منع المرأة من تولي رئاسة الدولة في الإسلام.
- أن يقدر الطالب النتائج المستقبلية لانتشار البطالة في مجتمع معين.

٣- التطبيق Application:

وتتمثل في القدرة على توظيف المعارف والمواد المتعلمة سواء أكانت مفاهيم أم قواعد في مواقف وأوضاع جديدة،متصلة بمواقف التعلم الأصلية.ومن الصيغ التي يعبر بها هذا الهدف الصيغ السلوكية التالية:

- أن يشكل الطالب كلمة تحتها خط في جملة تعطى له.
- أن يستخدم الطالب علامات الترقيم استخداماً صحيحاً فيما يكتب.
- أن يصحح الطالب الأخطاء الإملائية في نص يعطى له.
- أن يستعمل الطالب تراكيب إنشائية تشتمل على مبتدأ وخبر استعمالاً صحيحاً.
- أن يحلّ الطالب مسألة حسابية تعطى له حسب نظرية فيثاغورس.
- أن يطبق المبادئ والمفاهيم على مواقف جديدة.
- أن يستخرج السرعة بعد أن يدرس قانون السرعة.

٤- التحليل Analysis :

ويعني تحليل أو تفكيك مشكلة أو فكرة ،أو المادة المتعلمة إلى مكوناتها الجزئية، واكتشاف العلاقة القائمة بين الأجزاء.ومن الصيغ التي يعبر بها عن هذا الهدف الصيغ السلوكية التالية:

- أن يحلل الطالب الجهاز الذي يعمل به في المختبر.

- أن يتعرف موضع الخطأ في تركيب أحد الأجهزة .

- أن يتبين أجزاء الزهرة.

- أن يستخرج أسباب انتصار المسلمين في معركة حطين.

- أن يميز بين الحقائق والفرضيات في قائمة تضم عدداً من الحقائق ومثلها من الفرضيات.

- أن يكتشف العلاقة بين البَرْد والمطر.

٥- التركيب Synthesis :

ويتمثل في القدرة على إنتاج نماذج أو كليات جديدة من أجزاء أو عناصر متفرقة على نحو يتميز بالأصالة والإبداع، وبمعنى آخر يتمثل في القدرة على تجميع أجزاء مع بعضها؛حتى تكون الشكل الكلي المتكامل،ومن الصيغ التي يعبر بها عن هذا الهدف الصيغ السلوكية التالية:

- أن يكتب الطالب قطعة إنشاء مترابطة ومتناسقة.

- أن يضع الطالب برنامج عمل لزيارة ميدانية.

- أن يضع الطالب عدداً من الفروض لحل المشكلة.

- أن يكتب الطالب فقرة يتحدث فيها عن الربيع.

- أن يضع الطالب تصميماً لبناء جديد.

- أن يكون جملة ذات معنى من عدد من الكلمات.

- أن يركب عدداً من الكلمات من الحروف (س.ر.ا.د).

٦- التقويم Evaluation:

ويتمثل في القدرة على التوصل إلى أحكام، أو اتخاذ قرارات مناسبة، استناداً إلى بينات داخلية،أو معايير خارجية، وهو يمثل أعلى فئات الأهداف في المجال الإدراكي، ويدل على قدرة المتعلم على تقدير قيمة الأشياء والمواقف وإصدار أحكام قيمية عليها، سواء أكانت تلك الأشياء محسوسة أم غير ذلك، ومن الصيغ التي يعبر بها عن هذا الهدف الصيغ السلوكية التالية:

- أن يصدر الطالب حكماً على مدى تنظيم حركة السير في الشارع.

- أن يقدر الطالب مدى الدقة في تنظيم حركة السير في الشارع.

- أن يحدد الطالب أجمل بيت في القصيدة.

- أن ينتقد الأفكار الرئيسية في القصيدة.

- أن يثمن دور أبي حنيفة النعمان في الفقه الإسلامي.

- أن يحكم على دور خالد بن الوليد في معركة مؤتة.

- أن يدافع عن محاربة التدخين.

- أن يناقش الطالب مزايا وسيئات الاقتصاد الحر.

ملاحظة هامة:

يصنف بعض التربويين الأهداف المعرفية الستة في فئتين:

الأولى: فئة الفهم وتكوين المفاهيم ويندرج تحتها مستويات: المعرفة والاستيعاب والتطبيق والتحليل.

الثانية: فئة الإبداع والعمليات العقلية العليا،ويندرج تحتها مستويا التركيب والتقويم.

وفيما يلي مجموعة أفعال نشاط أو أفعال سلوكية،يمكن استخدامها في مستويات المجال المعرفي، مع ملاحظة أن بعض الأفعال يمكن استخدامها في أكثر من مستوى واحد،وهذا متوقف على الاستعمال:

١. التذكر:

ينظم	يرتب
يعرف	يميز
يضاعف	ينسب
يلصق	يستعيد
يضع في قائمة	يعيد
يتذكر	يستخرج
يسمي	

٢. الاستيعاب:

يصنّف	يحل
يصف	يميّز
يناقش	يكتب(تقريراً)
يوضح	يصرّح
يعبّر	يستعرض
يعيّن	يختار
يشير	يترجم

٣. التطبيق:

يطبّق	يُجرى(عملية)
يختار	يُجرى(تمريناً)
يلاحظ	يُجَدْول
يمثّل	يَرسُم(مخطّطاً)
يوظّف	يَحلّ(مسألة)
يوضّح	يستخدم
يفسّر	

٤. التحليل:

يُحلّل	يُفرّق
يُثمّن	يُميّز
يَحسِب	يُباين
يُصِنّف(في فئات)	يفحص
يُوازن	يجرّب
يُمايز	يَسأل
يَنقد	يختبر

٥. التركيب:

يُرتّب	يُشكل
يَحشدِ	يدير
يَجمَع	يُنّظم
يُركّب	يُخطّط
يَبني	يُحضّر
يَخْترع	يُقْترح
يُصَمِّمُ	ينشئ
يِكْتُب	

٦. التقويم:

يُقوّم	يَحكُم
يُجادل	يتنبّأ
يُقَدّر	
يَضَعُ(بصورة نسبية)	
يَلحق	يَقيسُ
يَختار	يَختار
يُقارِن	يُزودّ
يُفنّد	يُثمّن

وإليك تفصيل كل منها:

مستويات الأهداف في المجال الادراكي المعرفي (Cognitive Domain) مرتبة ترتيباً تصاعدياً أي من (المستوى الادنى إلى المستوى الاعلى)

المستوى في المجال الادراكي المعرفي	بعض الأفعال التي يمكن استخدامها في صوغ الأهداف	أمثلة على المحتوى الذي يطبق عليه هذا المستوى من الاهداف
١- معرفة وتذكر أي معرفة وتمييز. - المعلومات والحقائق. - الطرائق والاساليب. - العموميات المجردة وتذكرها.	يعرّف، يميز، يسمي، يحدد، يعدد، يتذكر، يذكر، يتعرف، يبين، يرتب، يكرر، يضع في قائمة، يطابق، يحفظ.	المفردات، الكلمات، المصطلحات التعريفات الحقائق، الامثلة، الاسماء، العلاقات، القواعد، القوانين، النظريات، الاماكن..الخ.
٢- الفهم والاستيعاب - تفسير وتحويل من صيغة إلى أخرى أو من شكل من أشكال المعرفة إلى شكر آخر. - الاستقراء، الاستنتاج.	يعرف كيف: يترجم، يفسر، يصوغ، يصنف بكلماته الخاصة، يشرح، يختار، يوضح، يحول، يناقش، يفرز، يستنتج، يعبر عن ، يحدد مكان، يلخص، يناقش..الخ	المعاني، الرسوم، الصور، العينات، المترتبات، الانعكاسات، العواقب والنتائج، وجهات النظر، الآراء، التعريفات، النظريات القواعد، القوانين، المسائل، الطرائق والاساليب..الخ
٣- التطبيق أي استخدام المعلومات في مواقف تختلف عن تلك التي تم فيها التعلم (وهي تتطلب التذكر والفهم) (مهارة عقلية).	يعرف كيف: يطبق، يربط، يضرب أمثلة، يمثل، يختار، يطور، ينظم، يوظف، يشغل، يستخدم، يعيد بناء، يحل، يرسم، يمارس، يضع في جدول.	المبادئ، القوانين، والقواعد، النتائج، النظريات، الطرائق، العمليات، الاساليب، الانماط، الاستراتيجيات.
٤- التحليل: أي تحليل المعرفة والاشياء إلى العناصر وتحليل العلاقات وتحليل المواقف والبيئة والمبادئ (مهارة عقلية).	يعرف كيف: يصنف، يميز، يحدد، عناصر، يتعرف خصائص، يستخلص، يحلل، يقارن، يدقق، يفرق، يحسب، يدقق، يفحص، يختبر، يحقق في، ينقد..الخ.	العبارات، الجمل، الفرضيات، المسلمّات، الآراء، الأنماط، الأشكال، الميول، المواقف، الرغبات، وجهات النظر.
٥- التركيب/ البناء تركيب العناصر المختلفة لانتاج شيء جديد منها، سواء أكان مادياً أم فكريا أم معنويا (مهارة عقلية)	يعرف كيف: يجمع، ينسق، يؤلف، يكتب، يولّد، يروي، ينتج، يملي، ينص، يصوغ، يعدل، يضع خطة، يبني، يركب، يصمم، يجمع، يقترح، يشتق، تعميما..الخ	المواقف، النتاجات، الحلول، الخطط، الأهداف، المفاهيم، الفرضيات، المكتشفات، الأجهزة، الآراء، القصائد.. الخ
٦- التقويم: أي إصدار الأحكام في ضوء أدلة أو معايير داخلية، أو خارجية (مهارة عقلية)	يبرر، يدافع، يحكم على، يجادل في، يقدر قيمة أو ثمن شيء، يقرر، يتخذ قرارا، يصدر حكما، يقيم، يصحح، يتنبأ، يرتب حسب قيمة.	الأفكار، الأعمال، النتاجات الفكرية والمادية، الأسس، المعايير، المساقات، الأشخاص، السلوك، الدقة، الصدق.. الخ

المستوى الثاني:الأهداف الوجدانية الانفعالية:

Affictive Domain Objectives:

وقد اهتم هذا المستوى بتنمية مشاعر الطلبة وتطويرها، وتنمية عقائده وأساليبه في التكيف مع الناس، والتعامل مع الأشياء وهذه الأهداف تتصل بدرجة قبول الفرد أو رفضه لشيء معين، وهي تتضمن أنواعاً من السلوك تتصف إلى درجة كبيرة بالثبات،كالاتجاهات والميول والقيم والتقدير.

وقد سمي هذا النوع "وجدانياً" لأنه يركز على الأحاسيس والمشاعر وعلى التغيرات الداخلية التي يمكن أن تطرأ على سلوك المتعلم، وتؤدي إلى تبنيه موقفاً، أو مبدأ، أو معياراً، أو قيمة، أو اتجاهاً يحدد سلوك توجهه، كما تؤثر في إصداره حكماً معيناً من الأحكام. ويمكن القول إنه لمن الصعب أن نكتب أهدافاً سلوكية محددة في المجال الوجداني، بحيث يكون سلوك المتعلم قابلاً للملاحظة والقياس، وغالباً ما نلجأ إلى تحديد أسلوب معين، بحيث يشير إلى سلوك المتعلم الإيجابي نحو الاتجاهات والميول.

وقد صنف كراثووول [1] ورفاقه هذا المستوى في خمسة مجالات هي:

١- الاستقبال   Reciving.
٢- الاستجابة Responding .
٣- التقييم (إعطاء القيم والاتجاهات) Valuing.

---

[1] - يوسف قطامي،أساسيات تصميم التدريس ١٥١.
وقد أثار د.نادر الزيود ورفاقه في كتابهم التعلم والتعليم الصفي،ص٢٢ أن بلوم هو الذي صنف هذا المستوى في خمس مستويات هي:الاستقبال والاستجابة،والتقييم والتنظيم والتمييز.

٤- التنظيم Organization.

٥- التمييز بواسطة القيمة Characterization by value.

١- الاستقبال Receiving: (مستوى الانتباه إلى المثيرات واستقبالها)

وهو أدنى فئات المجال الانفعالي،يشير إلى اهتمام المتعلم بظاهرة معينة أو مثير معين والانتباه إليها،وإلى تقبل تلك الظاهرة، أو ذلك المثير والميل إليهما، كالانتباه إلى شرح المعلم،والاستماع للموسيقى،والاستمتاع بقراءة كتاب، ويندرج تحت هذا المستوى الأهداف التي تتصل بما يلي:

- الوعي: كوعي العوامل الجمالية في الفن والتصميم۰۰۰الخ۰

- الميل إلى الاستقبال (كالإصغاء،والإحساس بالحاجات الإنسانية، والمشكلات الاجتماعية).

- الانتباه المتميز بين أمرين.

ومن الأمثلة على الأهداف التعليمية لهذا الهدف،الصيغ التالية:

- أن يستمتع الطالب بالاستماع إلى الموسيقى.

- أن يصغي الطالب بانتباه إلى شرح المعلم.

- أن يحس الطالب بما يعانيه ضحايا التمييز العنصري.

٢- الاستجابة (مستوى الاستجابة الإيجابية للمثيرات) Responding.

وهي تدل على المشاركة الإيجابية للمتعلم فيما يمر به من المواقف، وهي تتعدى الاهتمام بالظاهرة أو المثير إلى التفاعل مع الظاهرة أو المثير، وإظهار ردود فعل إيجابية تجاه أي منهما، ويندرج تحت هذا المستوى الأهداف التي تتصل بما يلي:

- قبول الاستجابة.
- الميل إلى الاستجابة.
- القناعة بالاستجابة.

ومن الأمثلة على الأهداف التعليمية لهذا المستوى الصيغ التالية:

- أن يتقبل الطالب سلوك زملائه ومواقفهم برحابة صدر.
- أن يشارك الطالب في النشاطات الثقافية في مدرسته.
- أن يتشوق الطالب إلى الجهاد في سبيل الله.
- أن ينفذ الواجبات الدراسية بدقة.
- أن يعين أصدقاءهُ على قضاء حوائجهم.

٣- التقيُّم[1] (التثمين):

أي إعطاء قيمة للأمور Valuing ويتضح هذا الهدف في القيمة التي يعطيها المتعلم لظاهرة معينة أو سلوك معين، حيث يطور الأفراد هنا من الأهداف ما يسمى بالاتجاهات، ويتضمن هذا المستوى الأهداف التي تتصل باحترام العمل اليدوي، والاعتماد على النفس، والاستعداد للعمل مع الآخرين، ونحو ذلك.

ومن الأمثلة على الأهداف التعليمية لهذا المستوى ما يلي :

- أن يصدق الطالب في أقواله.
- أن يحافظ الطالب على المواعيد.
- أن يعترف الطالب بأخطائه.

---

[1] - سماه القطامي (التقويم) وهو صحيح؛ لأنه يعني إعطاء القيم.
أساسيات تصميم التدريس ص١٥٢.

- أن يحترم الطالب العمل اليدوي.

- أن يحترم الطالب آراء غيره.

- أن يكره الطالب الظلم والظالمين.

- أن يؤمن الطالب بدور الدين في الحياة.

- أن يعتمد الطالب على نفسه في حل مسائل الحساب.

- أن يتجنب الطالب مقاطعة غيره عندما يتحدثون معه.

٤- التنظيم Organization:

ويشير هذا المستوى من الأهداف الوجدانية إلى العملية التي يستدخل فيها المتعلم عدداً من القيم والمواقف، التي تتصل بموضوع معين،أو مجال محدد،مثل موضوع (الدين والمرأة والدراسة والمدرسة) ليشكل به نسقه القيمي الذي يتصل بذلك الموضوع أو المجال .

ويتوقف بلوغ المتعلم لهذا المستوى من الأهداف الوجدانية على قدرة المتعلم على إيجاد العلاقات بين عناصر المجموعة القيمية هذه، والربط بينها بشكل واضح ودقيق ومتكامل، وعند هذا يزداد يقين الفرد وإيمانه بما يصدر عنه من أفعال وأقوال يتصل بمنظومة القيم السائدة لديه.

ومن الأمثلة على أهداف هذا المستوى ما يلي :

- أن يتحمل الطالب المسؤولية نحو سلوكه.

- أن يتقبل الطالب جوانب الضعف والقوة في شخصيته.

- أن يطور الطالب قدراته في ضوء فهمه وإدراكه لهذه القدرات.

- أن يعترف الطالب بالخطأ.

٥- التَّميُّز بواسطة القيمة (وهو مستوى تمثل القيم والاعتزاز بها)

Characterization by value

ويقصد بالتميز أن الإنسان قد أصبح لديه شخصية متمايزة ويحكمه سلوك معين، ويكون هذا السلوك نسبياً، ويمكن التنبؤ به، من خلال القيم التي تبناها والتزم بها في كل أعماله، فهي تتجسد في سلوكه في كل المواقف، فتصبح كأنها تشكل علامة فارقه ومميزة للإنسان، يعرفه الناس بها.

ويمكن القول أيضاً إن هذا الهدف يشير إلى تطوير الإنسان لنفسه فلسفة حياة، ينطلق منها في كل سلوكه وتصرفاته، ونستطيع من خلالها تمييز سلوكه، والتنبؤ به في كل المواقف المختلفة.

ومن الأمثلة على أهداف هذا المستوى الصيغ التالية:

- أن يطور الطالب فلسفة معينة أو ثابتة في الحياة.
- أن يطور الطالب منهج سلوك لتنظيم حياته الشخصية الاجتماعية.
- أن يعتمد الطالب على ذاته في أعماله.
- أن يحافظ الطالب على النظام في حياته.

خطوات تعليم الاتجاه:

إن من أهم الأهداف لدى المربين والمعلمين والآباء والأمهات غرس الاتجاهات والقيم الحميدة في نفوس الأطفال، ولكي نعينهم على تحقيق هذا الأمر المهم أحببنا أن نورد لهم خطوات تعليم الاتجاه.

ولكن قبل ذلك نحب أن نميز بين الميل والاتجاه والقيمة. فأما الميل فهو مجرد الشعور والإحساس بمحبة أمر ما أو كرهه، وأما الاتجاه فهو أن يقوم الإنسان بعد الميل بسلوك معين لما مال إليه أو كرهه، ويكون أقوى وأثبت من الميل، وأما

القيمة فهي أثبت من الاتجاه وأقوى،يتمسك بها الإنسان، ويحترمها ويدافع عنها، وتتحكم في سلوكه وتصرفاته، فتسيطر عليه، ولا يعود ينطلق إلا منها.ولنضرب الآن مثالاً على مرور المتعلم بمراحل تكون الاتجاهات والقيم:

"حدّث المعلم تلاميذه عن رجل كان لا يهتم بنظافة جسمه وملابسه،ولا يغسل يديه عند تناول الطعام، فأصابه المرض، ووصف المعلم معاناته من الألم والمرض الذي حل به، فذهب إلى الطبيب، فأخبره أن سبب مرضه عدم غسل يديه قبل تناول الطعام، ولو أنه كان يغسل يديه عند تناول الطعام لما أصابه المرض".

والآن دعونانعرف كيف سيتكون الاتجاه عندالأطفال من خلال هذه الحادثة:

١. عندما سمع الطفل القصة أحب غسل اليدين وكره عدم غسلهما،فهذا يسمى ميلاً.

٢. إذا قام الطفل بغسل يديه قبل تناول الطعام انتفاعاً مما سمعه من أحداث الواقعة، نقول: بدأ الاتجاه يتكون عند الطفل.

٣. إذا أصبح غسل اليدين قبل تناول الطعام عادة عند الطفل، نقول: لقد تكون الاتجاه عند الطفل.

٤. إذا صار الطفل مقتنعاً بهذه العادة، وأخذ يدافع عنها، وينطلق منها في تصرفاته، نقول: لقد تشكلت عنده القيمة.

وهكذا يمكن أن نقول نفس القول عن: حب القراءة، وكراهية التدخين.

وقد أورد القطامي في أساسيات تصميم التدريس[١] الخطوات السبع التالية لتعلم الاتجاه، نوردها كما هي:

---

[١]- أساسيات تصميم التدريس،ص١٤٨.

١- مستوى تعرف الأشياء والأشخاص والأفعال واستكشاف أنواعها، وإبدالها.

٢- مستوى النظر في كل نوع أو بديل ومواقفه ومترتباته.

٣- مستوى الاختيار الحر من بين الإبدال المتوافرة.

٤- الشعور بالسعادة والارتياح للاختيار الذي وقع عليه المرء.

٥- إعلان التمسك بالشيء أو الموقف أو الفعل والجهر به.

٦- محاربة العمل والسلوك في كل مرة تبرز الحاجة إليه.

٧- الاستعداد للدفاع عن السلوك أو الموقف والتضحيات من أجله إذا لزم الأمر.

وهكذا ترى أن اكتساب الميول والاتجاهات والقيم يحدث بطريقة نظامية تراكمية نامية تقدمية، وكلما تحرك المرء في تعلمها من المستوى الأدنى (الاستقبال والاختيار) إلى المستويات العليا (التمثل والالتزام) زاد الانتماء إلى العمل أو الفكرة أو القيمة عمقاً واتساعاً وشدة وقوة.

فائدتان:

الأولى: يرى كراثووول ورفاقه أن عملية تعلم الأهداف الوجدانية، والتفاعل معها وتمثلها،عملية فردية؛ لأنها تتطور عبر سلسلة من الأحداث النشطة التي تعتمد على وعي الفرد واهتمامه واستجابته والتزامه بالاتجاهات والأعراف والقيم التي توجه سلوكه وتعزز أحكامه القيمية على نحو ثابت ومنتظم يميز الفرد عن غيره.

الثانية: إن الالتزام بالقيم والأعراف والعادات والتقاليد، تجعل الفرد مقبولاً ومرضياً عنه،وأما رفضه للقيمة وخروجه عليها يجعلانه مرفوضاً ومنبوذا؛مما يقلل سوية الفرد من الناحية الاجتماعية، ويقلل من تكوين صداقات أو علاقات اجتماعية، وعلى العكس من ذلك، فإنه حين يلتزم بمعاييروقيم وأفكارالمجتمع الذي يعيش فيه

يصبح اجتماعيا؛ لأن الاتجاهات والقيم وما يتبعهما من أعراف وتقاليد وعادات تتغلغل في البنى المعرفية والذهنية والنفسية للمجتمع وتشكلها، وتصبح مسيطرة عليها، فلا يعود الإنسان قادراً على الخروج عليها أو رفضها،لذلك كان من يقبلها مقبولاً ومن يرفضها مرفوضاً ومنبوذاً.

وإليك الآن جدول يبين مستوى الأهداف في المجال الوجداني الانفعالي (تصنيف كراثووولAfflictive Krathwohi).

مستوى الأهداف في المجال الوجداني/ الانفعالي تصنيف كراثوول (Krathwohl)

(AFFECTIVE)

المستوى في المجال الوجداني	أمثلة على أفعال تستخدم في صوغ الأهداف	المحتوى الذي ينطبق في هذا المستوى
١- الاستقبال/ الانتباه لأمر ما واستقباله ويشمل الوعي البسيط دون التعبير عن الميل والرغبة الأولية.	يميز، يلتفت، يصغي، يبدي اهتماماً بسيطاً، يستقبل دون تركيز، يسأل، يطلب معلومات حول، يجيب على أسئلة حول، يستخدم شيئا.	المناظر، الأصوات، الأحداث، الأشخاص، العناصر المخلفة في البيئة .
٢- الاستجابة: يبدي اهتماماً بسيطاً ويستجيب استجابة أولية تعبّر عن ميل ورغبة أولية تجاه الظواهر والأشياء.	يبدي اهتماماً، يوافق على، يبادر، يحيي، يناقش، يمضي وقتاً في الأمر، يهفو للشيء أو للشخص أو للموقف، يقتدي بـ يطيع، يساعد، يمارس يفضل يتحدث عن، يكتب عن، يتعاون.	التوجيهات والتعليمات والسياسات، العروض، التوضيحية، الألعاب التمثيليات.. الخ
٣- قبول القيمة والاتجاه: يظهر أنماط سلوك تتفق مع نزعة أو قيمة معينة بشكل اختياري دون أن يكون ذلك مطلوبا منه.	يدعم، يعزز، يزيد مساهمته، يساعد، يساند، ينكر، يمنع، يحتج، يدافع عن، يهاجم، يحاول، يلتحق بـ يبرر، يشارك في، يقرأ عن.	المشروعات العضوية في جماعة الانتاج، الصداقة، القيم، العادات.
٤- تنظيم الاتجاهات والقيم: في منظومة أو نسق معين بحسب قيمتها.	يناقش ينظر، يجرد، يوازن الابدال، ينظم، ينسق، يحدد موقفا، يقرر العلاقات، يصدر أحكاما، يختار، يتوحد مع، يلتزم بـ يتمسك بـ .	القوانين، القواعد، الأسس، المعايير، النظم، الأهداف، الفلسفات.
٥- تمثل القيمة واشهارها: والاعتزاز بها والثبات في ادائها وممارستها.	يعيد النظر، يطلب موقفا، يقاوم، يقرر، يعبر قولاً وفعلاً، يتابع، يؤمن يمارس، يلتزم، يتمثل في السلوك، يشهر.	الخطط، أنماط السلوك والجهد، الخلق العادات والتقاليد، الدين، المبادئ الوطنية، أنماط السلوك.

٣- المستوى الثالث :الأهداف النفسحركية:

قبل أن ندخل في تفاصيل هذه الأهداف، لابد من أن نعرف ماذا تعني المهارة النفسحركية والمهارة الحسحركية.

تعرّف المهارة النفسحركية بأنها :أي نشاط سلوكي ينبغي على المتعلم أن يكتسب فيه سلسلة من الاستجابات الحركية،ويتضمن ذلك أن المهارة ذات جانبين: الجانب الأول: نفسي، وفيه يدرك الفرد الحركة،ثم يفكر فيها،ثم يستوعبها.والجانب الثاني: يتمثل في ممارستها، ويمكن النظر إلى الجانب الحركي على أنه التقدم في درجات التناسق المطلوبة.

وتوصف المهارات النفسحركية بأنها حركات أدائية راقية،يتطلب تعلمها وقتاً وجهداً، كما يتطلب أداؤها تنسيقاً وتآزراً دقيقاً بين أعضاء الجسم والجهاز العضلي،وعقل الإنسان وجهازه العصبي.

أما المهارات الحسحركية، فهي تشير إلى أنواع السلوك الحركي الموجه نحو المثيرات البيئية الخارجية التي تستثير أعضاء الجسم عن طريق الحواس فقط كهز اليدين لالتقاط ما تراه العين، أو حركة الجسم ابتعاداً عما يخيف المرء،أو يؤذيه مما يرى أو يسمع أو يحس به.

وتعدُّ المهارات النفسحركية مهارات مركبة، وأرقى من المهارات الحسحركية، لذلك فإن المؤسسات التربوية تهتم بها وتعطيها عناية فائقة لما لها من أهمية للفرد والمجتمع في مجالات التعلم والإنتاج والإبداع، ومن أمثلة ذلك: مهارة القراءة والكتابة والعزف، واستخدام الآلات الدقيقة، والطباعة على الآلة الكاتبة، واستعمال الحاسوب، وقيادة السيارة،وغيرها...

ويتضمن تعلم المهارة ثلاث مراحل، هي:

١- مرحلة تقديم المهارات.

٢- معرفة تعلم المهارة.

٣- مرحلة المران والتدريب على المهارة.

تصنيف كبلر Kibler للأهداف النفسحركية:

ركز تصنيف كبلر على الأهداف المتصلة بتعلم المهارات البدنية في نطاق التربية الرياضية وقد اشتمل هذا التصنيف على المهارات النفسحركية التالية:

١- المهارات الحركية الكبرى.

٢- المهارات التي تتطلب الحركات التآزرية الدقيقة.

٣- مهارات التواصل غير اللفظي.

٤- مهارات التواصل اللفظي.

المستوى الأول: الأهداف التي تتصل بالحركات الجسمية الكبرى

Gross body movement

ويستمل هذا المستوى على الحركات التي يتطلب أداؤها التنسيق بين أعضاء الحس المختلفة، كما يتطلب القوة والسرعة والدقة،مثل:

- قذف كرة بأسلوب وطريقة محددة بالقدم أو باليد،على الأرض أو في الهواء، في إطار لعبة معينة، أو مسابقة.

- الجري بسرعة معينة وفق معايير وشروط محددة.

- القفز بأنواعه.

- قذف الرمح بطريقة صحيحة وإلى مدى معين.

- حمل ثقل بوزن معين، وبطريقة معينة.

وأما المعايير والشروط التي تضبط هذه الأهداف فهي: القوة، السرعة، الدقة، الوزن، المسافة ٠٠٠الخ وإليك هذه الصياغات السلوكية لهذا الهدف:

- أن يقطع الطالب مئة متر بسرعة عشرين ثانية.

- أن يقذف الرمح مسافة ثلاثين متراً.

- أن يقفز ارتفاع ثمانين متراً.

- أن يقطع مسافة خمسين متراً سباحة على الظهر خلال دقيقة واحدة.

ويمكن القول: إن هذه الأهداف تركز على الأجزاء الكبيرة من الحجم،وهي الأعضاء التي يبدأ التدريب بها،لذلك فإن جميع الطلبة يمكنهم أن ينجحوا في تحقيق أهدافها.

المستوى الثاني: الأهداف التي تتصل بالمهارات دقيقة التناسق

Finely Coordinated

ويشير هذا المستوى من الأهداف إلى الحركات الجسمية التي تتطلب مستوى أرقى من التناسق والتآزر بين أعضاء الجسم المختلفة لأداء مهارة معينة، ويتطلب هذا النمط من المهارات (الأهداف) التعلم المنظم، والتدريب الجيد المتقن، ومن المهارات التي تدور حولها أهداف هذا المستوى المهارات التالية:

- الكتابة: وتتطلب تنسيقاً وتآزراً بين حركات اليد والأصابع والعين والجسم.
- القراءة : وتتطلب تنسيقاً وتآزراً بين حركات العين والشفتين واللسان،والأوتار الصوتية في الحنجرة.
- الضرب على الآلة الكاتبة: وتتطلب تآزراً وتنسيقاً بين حركات العين واليدين والأصابع.

وهكذا، فإن هذا النوع من الأهداف يتطلب العديد من أعضاء الجسم وحواسه، بالإضافة إلى البعد المعرفي، الذي يشكل متطلباً سابقاً لتعلم أي من المهارات السابقة، والبعد الوجداني الذي يعد أساساً للأداء المتقن الكامل لأي منها.

ومن الأمثلة على الصياغات السلوكية لهذا النوع من المهارات (الأهداف) ما يلي:

- أن يكتب الطالب (كلمة،كلمات،عبارة،جملة) بطريقة صحيحة وخط واضح.

- أن يرسم خريطة الأردن،مبيناً حدودها وأبعادها بدقة وإتقان.

- أن يستخدم الطالب آلة الخياطة اليدوية في صنع قميص.

- أن يركب جرساً كهربائياً من مواد توافرت له.

- أن يعزف على العود لحناً بطريقة سليمة.

- أن يستخدم المقص في قطع أشكال هندسية من الورق.

- أن يلون الورق المقصوص ويلصقه على لوحة خشبية بطريقة جميلة ومتناسقة.

- أن يزخرف بالألوان جداراً أملس في غرفة الصف مع زملائه.

المستوى الثالث: الأهداف التي تتصل بمهارات التواصل اللفظي Non Verbal

ويقصد بها تلك المهارات التي يتم من خلالها نقل الأفكار والمعلومات دون اللجوء إلى الكلام والأصوات، بل من خلال الحركات الجسمية الإيمائية، سواء أكان ذلك باستخدام الرأس أو العينين أو اليدين، أو من تعابير الوجه، أو من خلال الجسم كله، ولابد من الإشارة هنا إلى أن هذه التعابير، أو الإشارات، أو الحركات من أي من أعضاء الجسم تكون متفقاً عليها ومفهومة لجميع أبناء المجتمع،وإلاّ فلن يحصل الفهم ولا التواصل بين الناقل والمنقول إليه.

ويستعمل الناس عادة مثل هذه الإشارات والإيماءات والحركات في التعبير عن آرائهم ومشاعرهم وأفكارهم. ومن الأمثلة على هذا النوع من الأهداف الصياغات التالية:

- أن يعبر الطالب عن رفضه لوجهة نظر الآخرين إيماءً برأسه، أو بعينيه، أو بيده،أو بفمه.

- أن يؤدي دوراً يمثل فيه معاناته من ثقل يحمله، دون استخدام اللغة المنطوقة.

المستوى الرابع:الأهداف التي تتصل بالسلوك اللفظي Speech Verbal behavior

وهي الأهداف أو المهارات التي يتم التواصل بها عن طريق اللغة المنطوقة، بالكلام، ومن خلال جهاز النطق البشري، للتعبير عن المشاعر والأفكار والآراء والمواقف، ويستخدم هذا النمط من الأهداف في القراءة الجهرية المعبرة، والإلقاء الأدبي في الشعر والخطابة،وباستخدام الألفاظ والعبارات المؤثرة، والتحدث بلغة أجنبية بلهجة معينة، وتقليد الشخصيات السياسية والممثلين،وغير ذلك...

ومن أمثلة هذا المستوى من الأهداف الصياغات التالية:

- أن يقرأ فقرة من الدرس بصوت مسموع ومعبر.

- أن يلقي قصيدة إلقاء جيداً ومعبراً.

- أن يلقي خطبة تؤثر في السامعين.

- أن يمثل دور الطبيب الذي يعالج طفلاً صغيراً،مستخدماً العبارات اللطيفة معه.

- أن يمثل دور الأم التي تدلل ولدها الصغير فتلاطفه بالكلام وتغني له.

- أن يقلد أصوات شخصيات معينة تعمل في مجالات مختلفة.

فائدة هامة:

إن المدرس الذي يريد أن يختبر تلاميذه في المجال الرياضي أو الأدائي النفسحركي- لا يمكنه أن يلجأ إلى اختبارات كتابية، بل يطور اختباراً يقوم على أداء المهارات، ويدرجه بطريقة خاصة، ويضع له معايير يميز بها بين الأداءات المختلفة للتلاميذ، ويستطيع من خلالها تقويم إتقان التلاميذ للمهارات المختلفة، ثم الحكم عليها.

تصنيف كبلر (KIBLER) :

يتكون من خمسة مستويات على النحو الآتي:

المستوى في المجال النفسحركي	بعض الأفعال التي تستخدم في صياغة هذا المستوى	المحتوى الذي ينطبق عليه هذا المستوى من الأهداف
١- التقليد/ المحاكاة (Immitation) يشاهد المهارة ويحاول تكرارها (المهارات البسيطة)	يردد، يعيد، يقلد، يحاكي، يعيد تركيب، يعيد بناء	الأهداف التي تتصل بالمهارات الحركية البسيطة، المشي، التوازن، استعمال آلات .. الخ
٢- الأداء الحركي للمهارة (Manipulation)	ينفذ حرفيا، يؤدي حسب التعليمات، يؤدي الخطوات المرسومة، يؤدي الحركات في تتابع محدد، يشغل جهازاً، يركب جهازاً، يطبع على الآلة الكاتبة .	المهارات الفنية البسيطة.
٣- الأداء الذي يتطلب التناسق (Precision) يعيد أداء المهارة بدقة وتناسب وإتقان بطريقة مختلفة عن الأصل في أكثر الأحيان.	يتقن أداء، ينفذ المهارة بطريقته الخاصة، يكتب بخط جميل	المهارات الحركية المركبة من عدد من المهارات البسيطة.
٤- أداء المهارات الحركية (Articulation) يؤدي عدداً من المهارات في سياق منطقي متفوق واتساق وثبات في الوقت نفسه.	يبني شكلاً، يصمم عملاً، يمثل دوراً في موقف كامل.	المهارات الفنية المعقدة المكونة التي تتطلب التناسق والتآزر الدقيق.
٥- طبيعة التناجات: الأداء الطبيعي الآلي للمهارة (البسيطة أو المركبة) (Naturalization) يؤدي وينجز العمل الذي يتطلب عدداً من المهارات بسهولة ويسر وبأقل جهد فكري أو جسمي.	يقرأ، يعزف مع قراءة النوتة دوراً معقداً يتطلب التخصص، يؤلف يبني منشأة، يضع خطة.	جميع المهارات الحركية وغير الحركية التي تتطلب مستوى عالياً من الأداء وتتطلب الشخصية والإبداع.

الباب الخامس
أسس تصميم التدريس

- نظريات تصميم التدريس.

- مراحل تصميم التدريس.

- عناصر خطة تصميم التدريس.

- افتراضات عملية تصميم التدريس.

- أهمية عملية تصميم التدريس.

- مزايا استخدام نظام تصميم التدريس.

- تطبيق عملية تصميم التدريس في عمليات التدريس،وبرامج التدريس.

الباب الخامس

أسس تصميم التدريس

- يقوم تصميم التدريس على أسس نظرية متعددة، ساهمت كلها في تطوير عملية تصميم التدريس، ومن أهم النظريات التي قامت عليها ما يلي:

- نظريات النظم العامة.
- نظريات الاتصال.
- نظريات التعليم.
- نظريات التعلم.

نظرية النظم: نقصد بالنظام مجموعة الأجزاء المترابطة التي تعمل معاً لتحقيق بعض الأهداف المشتركة.

والتنظيم والنظام موجودان في الكون، وفي الطبيعة، وفي جسم الإنسان، وفي الحياة العامة في داخل المجتمع، فعلى سبيل المثال يوجد في الطبيعة نظام الجاذبية، والطاقة الشمسية، وجسم الإنسان ودورة الأرض حول الشمس، و....

وفي الحياة العامة يوجد نظام السير،ونظام التعليم، ونظام البنوك والمصارف، ونظام الرَّي، والطاقة الكهربائية، والاتصالات والصحة، والضرائب وغيرها...

إن كل نظام من هذه الأنظمة يتفرع إلى وحدات نظامية صغيرة، وهذه تتفرع إلى وحدات أصغر منها، وهكذا، ولكن هذه الوحدات تترابط مع بعضها، فتشكل في النهاية نظاماً كاملاً متكاملاً، وإن أي خلل يصيب واحدة من الوحدات الجزئية للنظام سينعكس أثره على النظام الكامل برمته.

ونظام التربية والتعليم نظام واسع،قائم على مجموعة من النظم الأصغر،وهذه تتألف من جزئيات (وحدات)أصغر، وهكذا...

إن تصميم التدريس واحد من العناصر التي يتألف منها نظام التعليم العام،وإن النجاح في هذه الجزئية سينعكس على النظام برمته بصورة إيجابية،ويظهر ذلك جلياً من خلال نوعية التعليم في المدارس العامة.

ويأخذ تصميم التدريس بعين الاعتبار أن تكون الجزئيات التي يقوم عليها نظامية، وفعالة وذات كفاءة كاملة،لكي يكون التصميم مثالياً، فينعكس أثره على النظام التعليمي بكامله.

وقد نتج عن تطبيق نظرية النظم على أرض الواقع في المجال التربوي عدة نواتج أهمها: أدوات التخطيط وحل المشكلات ،وطريقة النظم System approach وتعد طريقة النظم في التدريس واحدة من أهم الطرائق النظرية المساهمة في النهوض بعملية تصميم التدريس: وتعرف" بأنها خطة عمل متكاملة تشمل جميع عناصر النظام،وتُصمم لحل مشكلة أو تلبية حاجة".

وتقترب نظرية النظم من تصميم التدريس وتتشابه معه؛لأنها تقوم على مجموعة من العناصر التي تشكل نظاماً مترابطاً،وعلى شكل مراحل هي:التحليل ووضع الاستراتيجية والتقويم والمراجعة، فهي تشبه عملية تصميم التدريس التي تقوم على أربع مراحل هي : التحليل والتصميم والتطوير والتنفيذ ثم التقويم والمراجعة.

كما أنها تتشابه مع طريقة حل المشكلات التي تسير على خطوات متتابعة وتطبق في العديد من المجالات.

فائدتان:

الأولى : لكي يصل مصمم التدريس إلى تحقيق أهدافه بصورة مناسبة، فإن عليه أن يقوم بإجراء عمليات مراجعة، والتغذية الراجعة، بعد التجريب بهدف تحسين التصميم وتعديله قبل اعتماد الصورة النهائية.

الثانية : إن عملية النظم القائمة على أربع مراحل ، هي: التحليل والاستراتيجية والتقويم والمراجعة، تضمن سلامة الوصول إلى الأهداف، وتقلل من العشوائية والتخبط والتحقق الجزئي؛ لأن النظام يحدد حالة سير العملية، ويحدد الزمن الذي يحتاج فيه النظام إلى صيانة وتصليح من أجل ضمان سلامة استمراره.

نظريات الاتصال: Communication Theory.

يقصد بالاتصال: عملية نقل المعلومات من شخص إلى آخر، وببساطة فإنها التفاعل الصفي ما بين الطالب وأستاذه، وما يتم فيها من توصيل للأهداف بصورة معينة وبدرجة معينة.

وتعد نظريات الاتصال مهمة في تصميم التدريس، ويتضح أثرها من خلال ما يتخذ من قرارات، ومن خلال النتائج التي يحصل عليها، وذلك حسب نوع الاتصال الذي يتبع في غرفة الصف.

وقد وضع (شيكرام) نموذجاً يوضح عملية الاتصال، وخلاصته أن الاتصال يحدث عن طريق إرسال رسالة يتلقاها المستقبل، فإذا كانت الرسالة واضحة يتم التقاطها بصورة واضحة، وإذا كان هناك أي ضجيج أو تشويش فإن الرسالة ستكون مشوشة وغير واضحة. ثم تخضع عملية الإرسال والاستقبال للتجربة، فيتم اكتشاف مواطن الضعف أو الخلل في عملية الإرسال والاستقبال، ثم بالتغذية الراجعة يتم التعديل والتحسين والتطوير.

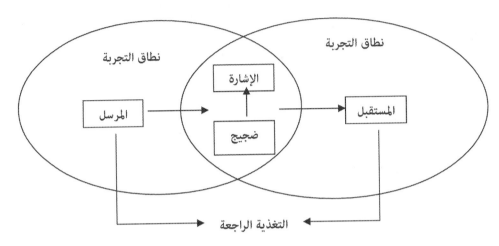

شكل رقم (٤) نموذج لنظرية شيكرام (Schramm) للاتصال

وفي غرفة الصف قد يكون المعلم مرسلاً والطالب مستقبلاً، وذلك بما يرسله من معلومات ، أو نشاطات ، أو توضيحات، أو إرشادات، أو نصائح، أو توجيهات، أو إشارات، أو تلميحات، أو غيرها.

وقد يكون التلميذ مرسلاً والمعلم مستقبلاً، وذلك بطرح التساؤلات أو إبداء رأي، أو تقديم ملاحظات أو مشاركة في نشاطات وغيرها.

إن هذه العملية المتبادلة للإرسال والاستقبال بين المعلم والتلميذ، إذا تم تنفيذها بصورة دقيقة واضحة، وتم فهم الرسائل المتبادلة، وتفسيرها بالصورة المطلوبة، فإنها ستحقق الأهداف المرجوة بصورة سهلة، وبجهد أقل، وإن كانت غير ذلك تكون النتائج بحسب ما تكون عليه.

ومن الجدير بالذكر أن للمدرسة السلوكية باعاً طويلاً في تأسيس هذه النظرية؛ إذ إن هذه المدرسة ركّزت على المثير والاستجابة، والسير في العملية بالخطوات المتدرجة، كما ركّزت على التعزيز الفوري والتقويم التكويني والتغذية الراجعة، وأخيراً التعليم المبرمج.

والتعليم المبرمج كما هو معروف: نوع من التعليم الذاتي يعمل فيه المعلم على قيادة التلميذ وتوصيله نحو السلوك المنشود لبرنامج تعليمي، أعدت فيه المادة التعليمية إعداداً خاصاً، وعرضت في صورة كتاب مبرمج أو آلة تعليمية.

ويقسم التعليم المبرمج كما سبق في فصل سابق إلى قسمين:

١. التعليم المبرمج الخطّي لسكنر، وتتبع البرمجة بهذه الطريقة أسلوباً متسلسلاً ثابتاً من الخطوات لمساعدة المتعلم، وتقسم قيه المادة الدراسية إلى أجزاء منفصلة يطلق على كل جزء منها إطار، وتتوالى الأطر في خط أفقي متتابع يطلق عليه (الخط المستقيم)، ويمكن للطالب بعد أن يتقدم في البرنامج إلى مرحلة متقدمة منه،أن يعود إلى الخلف ، أي إلى الدروس التي سبق تعلمها من أجل التدقيق والتحقق، وفي هذا النظام يوجد جواب واحد فقط،والجواب هو التنوع الوحيد الذي يمكن إجراؤه في هذه الطريقة، ويمكن أن يتأكد الطالب من الإجابة الصحيحة بالتغذية الراجعة.

وقد تعرض التعليم المبرمج الخطي لانتقادات كثيرة، مما دعا "نورمان كراود" إلى ابتكار نظام جديد يختلف عن النظام الخطي وسُمّي النظام المتشعب.

٢. التعليم المبرمج المتشعب:وتقوم فكرة هذا النظام على وجود اختبار تشخيصي في نهاية كل فترة تربوية، وعلى ضوء نتائج هذا الاختبار يتم توجيه الدارس على انفراد.

ويسمح هذا النظام للدارس أن يختار بصورة حرة البرنامج الذي سيدرسه بحسب الإجابات التي يبديها عن الأسئلة التي تحدد خط الخبرات التعليمية.

نظريات تصميم التدريس:

لقد تطور علم تصميم التدريس بشكل سريع، بفضل نظريات النظم والاتصال والتعليم والتعلم، وبفضل جهود عدد كبير من العلماء من أمثال سكنر وجانييه وبروتر واوزوبل وغيرهم، وبفضل تطور المعرفة وظهور كثير من الاختراعات والتقنيات التربوية الحديثة، والطرق والأساليب المتقدمة مثل طريقة حل المشكلات والنظم، والتعليم المبرمج، التي ساهمت في رفع كفاءة التدريس وفاعليته، حتى إن بعض الناس عرّف علم تصميم التدريس بأنه"العلم الذي يعنى بالطريقة التي تنظم فيها الظروف البيئية التعليمية،وتنظم فيها الخبرات التي يراد استيعابها لتحقيق الأهداف المرغوبة".

إن أهم ما يقدمه تصميم التدريس لعملية التدريس من خلال مراحله الأربع وهي: التحليل والاستراتيجية والتقويم والمراجعة، أنه يوصّل الأهداف بصورة مضمونة، ويجنب المدرسين العشوائية والتخبط في تنفيذ تدريسهم.

ومع ذلك، وبرغم هذا التنظيم للعملية التعليمية،وبرغم العوائد والنواتج الجمة التي تعود من التصميم على عملية التدريس،إلا أنه لا يمثل حلاً مثالياً لجميع مشاكل التدريس والتدريب، كما أنه ليس الطريقة الوحيدة التي تؤدي إلى تعلم فعّال.

وسوف نتحدث الآن عن بعض النظريات والنماذج، التي دعت إلى تنظيم المادة التعليمية على شكل خطوات متنوعة بأنشطة تدريسية محددة، ساهمت في عملية التدريس وتحسينها.وأول هذه النظريات :

١- نظرية المكونات التعليمية ل"ميرل": "Compound display Theory":

يعد نموذج ميرل في تصميم التدريس نموذجاً إجرائياً، يقوم على عرض مجموعة من القضايا عرضاً متسلسلاً،وينظم محتوى المادة الدراسية من خلاله على شكل جزئيات صغيرة، تضم كل جزئية عدداً محدداً من المفاهيم والمبادئ والإجراءات التعليمية، ويتم تعلم كل منها على حدة، في فصل واحد مدته ٤٥ دقيقة.

وتشمل هذه النظرية الاهتمامات التالية:

١- تصنيف نتائج التعلم (المحتوى والأداء) على نوعين هما:

أ- نوع المحتوى التعليمي،ويقصد به(الحقائق والمفاهيم والإجراءات والمبادئ).

ب- مستوى الأداء المتوقع من المعلم بعد التعلم.

٢- أشكال العرض(الشرح والتساؤل)،ويشتمل على:

أ- أنماط العرض(الشرح والتساؤل).

ب- عرض العناصر(العموميات والأمثلة).

وتعد هذه العملية من أهم مجالات نظرية العناصر التعليمية القائمة على أساس تحليل نوع المحتوى ونتائج التعلم المرغوبة (مستوى الأداء) أو نوع العرض الذي تم تحديده،واختياره ليكون الأسلوب المناسب لشرح المادة وتوضيحها.

٣- وصف المنهجية المعتمدة على التماسك والانسجام بين شكل العرض ومستوى الأداء.

ويتم التحكم بوصف المنهحية من خلال ثلاث مجموعات من القواعد التي تحدد تصميم كل مكون تعليمي. وتضمن هذه القواعد ما يلي:

أ- تحديد المكونات، وهذه المكونات هي المفاهيم والمبادئ.

ب- قواعد الانسجام :أي تحديد أفضل أشكال العرض الضرورية لنتائج التعلم المعطاة.

ج- قواعد الكفاءة:أي كفاءة الاستراتيجيات،وقدرتها على توصيل المعلومات، كتقنيات عرض النصوص والتغذية الراجعة....

وقد استنتج القطامي في كتابه (أساسيات تصميم التدريس) أن نظرية ميرل هذه تتكون من ستة نماذج تدريسية ،تعتمد على نوع الهدف المراد تحقيقه بطريقة فاعلة؛لأن كل هدف تعليمي يرتبط بعملية معرفية مختلفة عن الأخرى.وهذه النماذج هي:[1]

١- تذكر الحقائق والمعلومات بشكل جزئي Verbation

٢- تذكر الحقائق والمعلومات بشكل غير جزئيParaphrase

٣- تذكر المعلومات المهمّة كالتعريفات المختلفة بشكل حرفي.

٤- تذكر المعلومات العامة كالتعريفات المختلفة بشكل غير حرفي.

٥- تطبيق المعلومات العامة في مواقف جديدة.

٦- اكتشاف المعلومات العامة في المواقف الجديدة.

هذه نظرية المكونات التعليمية لميرل، وهي نظرية كما أشرنا سالفاً تقوم على ترتيب العناصر على شكل دروس صغيرة، ترتيباً متسلسلاً، وتساعد على إعطاء إرشادات عامة لاتخاذ قرارات تصميم تفصيلية. ومع أن هذه القرارات موجهة نحو التدريس الجماعي، فإن الفرد يستطيع أن يضبط المحتوى والاستراتيجيات المتبعة، المشتملة على تحديد كمية التفاصيل الضرورية، أو حتى اختيار المواضيع.

---

[1] - أساسيات تصميم التدريس،ص١٧٥.

نظرية ريجيليوت التوسعية R eigeluth Elabirative Theory.

تنظم نظرية ريجيليوت التوسعية على المستوى الموسع، بعكس نظرية المكونات التعليمية لميرل، وهي تشير إلى تنظيم مجموعة من المفاهيم أو المبادئ أو الاجراءات ،أو الحقائق التي تمثل وحدة دراسية أو منهجاً دراسياً يتم تدريسه في سنة أو فصل دراسي أو شهر.

وقد اعتمدت هذه النظرية على أساس مفاهيم ومبادئ المدرسة الجشتالتية، التي تقرر أن التعليم يتم عن طريق الكل وليس عن طريق الجزء.

وقد درس العالمان (جونسون وفاو) هذه النظرية واستنتجا الأسس الأربعة التالية:

١- **التعلم الهرمي: Learning Hierarchy:**

وفق نموذج جانييه ،وبرمجز و ويجر.

إن التعلم الهرمي وفق هذا النموذج يشير إلى التدرج بالتعلم بدءاً بالتعلم الإشاري، وانتهاء بتعلم المشكلات. وقد افترض جانييه أن اكتساب المعرفة والخبرات يمكن أن تتم عن طريق المقدرات (Capabilities). كما اشترط وجود

تعلم سابق أساساً لتعلم أي خبرة جديدة، ثم يستمر التعلم بالنمو إلى أن يصل قمة الهرم.

وقد اعتمدت هذه الاستراتيجية على مفهوم بنية التعلم التي تتضمن البنى المفاهيمية ، وما تشير إليه من حقائق وأفكار ، ينبغي تعلمها، مثل أي تعلم جديد.

٢- **النموذج الحلزوني Spiral Model**

يؤكد فيه برونر أهمية إيجاد روابط بين المفهوم الجديد والمفاهيم السابقة؛ لأن هذا النموذج يعمل على تقديم الخبرات والمعارف بشكل متدرج للتوصل إلى معرفة متكاملة، بطريقة حلزونية، يستوعبها المتعلم ويضمها إلى بنيته المعرفية بعد أن يهضمها ويتمثلها.

٣- **نموذج التضمين المعرفي Cognitive Subsumption.**

وهو نموذج (أوسوبل)، وقد أكد فيه أن المحتوى يجب أن يبدأ بمستوى عام يتضمن المعرفة اللاحقة التي يجب اتباعها بخطوات تدريسية تعرض فيها عمليات تساعد المتعلم على إحداث عمليات تمايز متعاقبة، والتدرج في تقديم معلومات أكثر تفصيلاً من المعلومات المحددة التي تدور حول أفكار تعرض بصورة عامة .

وقد أكد أوسوبل أن الخبرات الجديدة التي يتم اكتسابها تكون أجدى إذا كانت ذات معنى وذات علاقة ارتباط بالأجزاء الأخرى المتضمنة، والتي تم تنظيمها في ذاكرة المتعلم بشكل هرمي.

وقد أكد أوسوبل على أهمية (المتضمنات) ويعني بها المعلومات الفرعية التي تنبثق عن الفكرة العامة الرئيسية، وأنه كلما كان هناك ارتباط وعلاقة ذات معنى بينهما كان التعليم أكثر فعالية، أي عن المعلومات الجديدة التي نقصد توصيلها للتلاميذ يجب أن تكون مرتبطة معنوياً مع البنية المعرفية للتلاميذ.

٤- **نظرية المخطط المعرفي: Cognitive Schema Theory.**

وتشتمل هذه النظرية على فكرة استيعاب المعرفة وتمثلها، وهي تشير إلى تشكيل مخطط للبناء المعرفي، يعبر عن فهمنا للأشياء والأحداث، كمجموعة من العلاقات بين المفاهيم، تؤدي إلى فهم التعلم وتوجيهه والاستدلال عليه.

ويكون المخطط الموجود لدى المتعلم على مستوى معين، ربما يختلف عن المخطط عند غيره، ولكن على كل حال يكون مرتبطاً بمعلومات أكثر تفصيلاً من معلومات المستوى السابق، سواء أكانت جديدة أم قديمة.

وتمثل نظرية المخطط المعرفي تشكيل بناء معرفي مترابط بمجموعة من العلاقات والتشابه اللغوي. ويصف المخطط المعرفي الذي يمتلكه التلميذ المحتوى المعرفي الذي يمكن أن يتعلمه، أو يكون قادراً على اكتسابه.

خلاصة النظرية التوسعية:

ساهمت نظرية ريجيليوت التوسعية في التوصل إلى حالة من الفهم والاستيعاب للخبرة المتضمنة في بيئة المتعلم، الذي يصبح قادراً على استرجاعها عند الحاجة، وعند تعرضه لخبرات جديدة ذات علاقة بما يجريه المتعلم من الخبرات السابقة.

وأسهمت أيضاً في اختبار محتوى المادة التعليمية وتركيبها، وتلخيصها، وتنظيمها بشكل متسلسل، من البسيط إلى المعقد، ومن العام إلى الخاص والأكثر تفصيلاً.

كما ساعدت المتعلم على تنمية قدراته العقلية على مستوى المعرفة والاستيعاب والتطبيق والتحليل والتركيب والتقويم.

المكونات الأساسية لتصميم التدريس:

تتكون عملية تصميم التدريس من المكونات الأربعة التالية:

١- المقاصد: وهي الأهداف العامة والخاصة، ونتائج التعلم.

٢- المحتوى: ويشمل المعلومات والبيانات والرسائل المراد تدريسها وإيصالها إلى المتعلمين.

٣- الأنشطة: وتشتمل استراتيجيات التدريس ،وإجراءات التعلم والتمارين والأنشطة التي تطرح أثناء عملية التدريس.

٤- التقويم: ويشتمل على وضع الاختبارات ،وتقويم المتعلمين ،ومعرفة تحقق الأهداف ،ومدى تحقيقها.

ونشير أخيراً إلى أن هذه المكونات يجب أن تكون منسجمة ومتوافقة ،ويكمل بعضها بعضاً.

مراحل تصميم التدريس:

قلنا إن تصميم التدريس مهم جداً لعملية التدريس؛ لأنه يحدد الأهداف التعليمية، وينظم المراحل التي تمر بها ،كما يحدد الاستراتيجيات الأكثر ملاءمة ومناسبة وانسجاماً للأهداف وتنفيذها.

ويمكن الحكم على نجاح عملية التصميم أو عدمه من خلال تنظيم الأجزاء التي يتألف منها، ومن خلال الانسجام ما بين الاستراتيجيات والأهداف، الذي يؤدي إلى تعليم أو تدريب فاعل ذي كفاءة ،وذي معنى.

ويعتقد (روزنبرغ) أن معظم نماذج تصميم التدريس،تضم المراحل الأربع التالية:التحليل والتصميم والتطوير والتنفيذ.ويرى روزنبرغ أن المراحل الأربع هذه هي مرحلة أولى، في حين أن المرحلة الثانية تمثل عملية التقويم كما هو موضح في الشكل التالي:

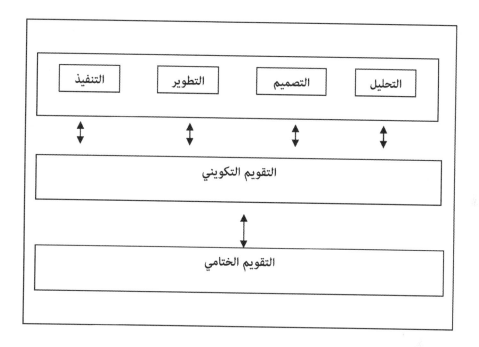

شكل رقم (٧) مراحل نماذج تصميم التدريس.

من خلال النموذج السابق، يمكن ملاحظة أهمية التقويم التكويني لمراحل تصميم التدريس الأربع،فهي عملية تفاعلية ومستمرة مع كل مرحلة من مراحل التدريس.

ثم تأتي بعد ذلك مرحلة التقويم الختامي، التي تحكم على العناصر جميعها، ومعرفة مدى فاعلية نماذج تصميم التدريس في تحقيق الأهداف المرجوة، ولنبدأ الآن بالمرحلة الأولى،وهي:

المرحلة الأولى:مرحلة التحليل الشامل: ويمكن تحديد خطواتها كما هو مبين في الشكل التالي.[1]

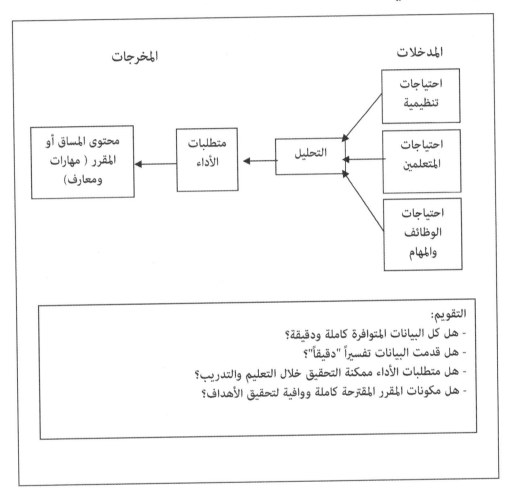

التقويم:
- هل كل البيانات المتوافرة كاملة ودقيقة؟
- هل قدمت البيانات تفسيراً "دقيقاً"؟
- هل متطلبات الأداء ممكنة التحقيق خلال التعليم والتدريب؟
- هل مكونات المقرر المقترحة كاملة ووافية لتحقيق الأهداف؟

شكل رقم (٨) مرحلة التحليل

[1] - أساسيات تصميم التدريس ص ,١٨١

والهدف من هذه المرحلة تحديد المشكلة من خلال تحديد الحاجات اللازمة وتحويلها إلى معلومات

مقيدة لتطوير عملية التدريس والتدريب.

وفي عملية التحليل الشامل يتم جمع المعلومات ودراستها وتحليلها وترجمتها إلى نشاطات لتحديد ما يأتي:

١- طبيعة المشكلة وسببها، والاجراءات الصحيحة لحلها ،فإذا كانت المشكلة أدائية تحدد التدريبات الضرورية لذلك.

٢- خصائص المتعلمين، وخلفياتهم الأكاديمية، وأعمارهم، وثقافتهم، ومستوياتهم وحاجاتهم، ومشكلاتهم، وخبراتهم السابقة، وكفاياتهم۰۰۰إلخ

٣- الأهداف العامة،والأهداف الخاصة التعليمية التي ينبغي تحقيقها.

٤- الظروف والشروط التي يتم من خلالها التعلم.

٥- المواد والإمكانات المتوافرة لتحقيق هذه الأهداف.

٦- الأساليب التي سيتم من خلالها تطبيق المهارات الجديدة.

٧- أية معلومات أخرى لازمة لتطوير برنامج تعليمي جيد.

وبالعودة إلى مكونات مرحلة التحليل، نجد أن المدخلات تتكون مما يلي:

١- الاحتياجات التنظيمية: ويقصد بها كل الاحتياجات التي تؤثر على اتخاذ القرارات المهمة، مثل أي المعلمين سيحصل على التدريب؟ وما الأعمال التي ستتعرض إلى التطوير؟ وعدد العاملين المطلوب، ووجودهم لتحقيق الأعمال المطورة، والمصادر الضرورية للتحليل، وغيرها ؟

إن الاحتياجات التنظيمية تسهم في وضع القرارات الإيجابية نحو المتعلم والمتدرب، والبرنامج الذي يصمم لهما، ومدى توافر الأمور المتعلقة بإدارة الموقف التعليمي والتدريبي.

ويرى (روزنبرغ) أن الاحتياجات التنظيمية تكون تصوراً لعملية تطور التدريب والتعليم ودرجة النجاح المتوقعة، والمعلومات التي يمكن أن تعترض عملية التنفيذ والمراجعة المستمرة في سير العملية بمجملها.

٢- احتياجات المتعلمين: تلزم معرفة خصائص المتعلمين وصفاتهم بمسألة عملية لتعليم والتدريب، وأهم الخصائص التي تؤخذ بعين الاعتبار في هذا المجال: الخلفيات الثقافية والذهنية، والخبرات السابقة التعليمية والتدريسية، والمعرفة الموجودة والقدرات التي يمتلكها المتعلم والمتدرب، والدافعية، والتوجه الوظيفي، والعمر والجنس، والقدرات الجسمية، وأية أمور أخرى، لها علاقة بتدريس الأفراد، ويستعمل أسلوب المقابلة للمتعلمين للكشف عن خصائصهما المختلفة من قبل المشرفين التربويين والمختصين.

كما أن ملاحظة الأفراد ، ودراسة خصائصهم ، وتقويم قدراتهم، يمكن أن تسهم في فهم حاجات أفراد المجموعة المستهدفة، لزيادة قدراتهم، ورفع كفاية وفاعلية أدائهم.

٣- احتياجات الوظيفة أوالمهمة: ونعني باحتياجات الوظيفة، المهام والكفايات التي يُعدُّ لها أفراد المجموعة المستهدفة. والغاية من هذه العملية هو تحديد تحليل العمل أو المهمة؛ فعندما يتم تحليل المهمة، يتم تقسيم الخطوات الأساسية إلى أجزاء فرعية بسيطة، يتم من خلالها تحديد كل خطوة تحديداً إجرائياً، يتضمن مستويات مختلفة من المهارات والمعرفة المطلوبة لكل خطوة، من أجل بناء المحتوى المعرفي والشرطي والإجرائي للمهمة التي يراد التدرب على أدائها.

وبعد الإنتهاء من مكونات المدخلات، وهي (الاحتياجات التنظيمية، واحتياجات المتعلمين، واحتياجات الوظائف) ننتقل إلى مرحلة التحليل.

مرحلة التحليل

التحليل: ويتم في هذه المرحلة مقارنة مقدرات المتعلم بالمتطلبات الأدائية المطلوبة للمهمة أو الوظيفة؛من أجل تحديد درجة الانسجام والمطابقة، ومعرفة الصعوبات التي يمكن ملاحظتها وتحديدها،بالإضافة إلى تحديد المهارات والمعارف التي ينبغي توفرها لمعالجة هذه الصعوبات[1].

متطلبات الأداء : في هذه المرحلة يتم تحديد الظروف والمواد التي تسهم في تسهيل مهمة الأداء وفق المعايير التي تمَّ اعتمادها للقبول أو الرفض .

محتوى المساق أو المقرر: وفي هذه المرحلة يتم تحديد محتويات الموضوع وفق بنى منطقية أو نفسية، ويراعى فيها التدرج حسب نموذج تفرضه طبيعة الموضوع، وطبيعة المتعلم أو المتدرب.

التقويم: وأخيراً تأتي مرحلة التقويم، وهي مرحلة يتم فيها الحصول على تغذية راجعة عن مدى إتقان عناصر التصميم المختلفة، وانسجامها وتضافرها

من أجل تحقيق الأهداف المرجوة، ومن خلال التقويم التكويني يمكن إدراك مواضع الضعف والخلل، ثم يتم تحسين أو تصحيح ما تم عرضه من أخطاء أو

تلف في بعض المكونات، وذلك من أجل تحقيق الأهداف على صورة نواتج تعليمية.

---

[1] - أساسيات تصميم التدريس، ص١٨٤

لذا يفترض أن يكون مصمم التدريس متأكداً من أن متطلبات المهارات والمعارف التي تم تحديدها في مرحلة التحليل صحيحة ودقيقة وشاملة قبل الانتقال إلى مرحلة التصميم، فإذا تبين له أن المحتوى غير صحيح وغير مناسب، فستكون نتيجة التدريس والتدريب لم تهتم باحتياجات المؤسسة واحتياجات المتعلم أو مهامه.

المرحلة الثانية:مرحلة التصميم:

نعني بالتصميم وضع المخططات والمسودات وتحضير المواد التي يراد تعليمها، واختيار الوسائل التعليمية المناسبة، وتحديد الأساليب، من خلال تحديد المكونات الأساسية الأربعة التي ذكرناها من قبل،وعلاقتها ببعضها بعضا، وتشتمل مراحل التصميم ما يلي:

١- صياغة أهداف المادة أو البرنامج التعليمي بطريقة محكية المرجع.

٢- إعداد أسئلة الاحتياجات وكتابتها.

٣- ترتيب عناصر الموضوع،أو المادة التعليمية ترتيباً منطقياً متسلسلاً.

٤- وضع خطة لعملية تقويم المادة أو البرنامج التعليمي.

ويتم في هذه المرحلة تحويل متطلبات الأداء،ومهارات العمل والحياة المختارة للتعليم إلى أهداف نهائية، يتم تجزئتها إلى أهداف التمكن[1] Enabling Objective.

---

[1] أهداف التمكن:هي الأهداف التي يكون المتدرب قادراً على تحقيقها ، فهي ضمن قدرته وإمكانيته.

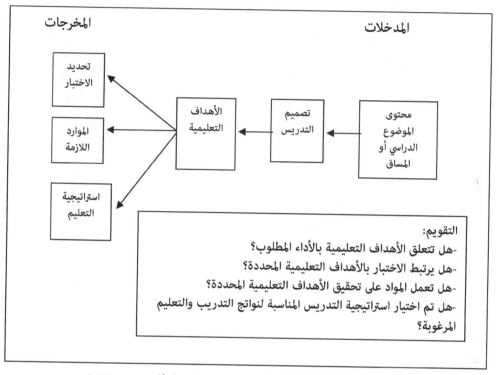

المدخلات   المخرجات

شكل رقم (٩) مرحلة التصميم، يوسف قطامي، ص ١٨٨

يلاحظ من خلال الشكل أن عملية التصميم تضم مدخلات ومخرجات، وتقوم هذه العملية على افتراض يعتبر أن تصميم التدريس تصميم للبيئة بما تضمه من مواد وأجهزة ووسائل تعليمية، ثم إعدادها وتنظيمها بطريقة تساعد المتعلم على السير وفقها؛ لتحقيق أهداف ونواتج مرغوبة، يسمح منها للمتعلم أن يفعّل أدواته الذهنية، ويشغلها بأقصى ما يستطيع.

كما يلاحظ أن موضوع المساق أو محتواه يقرر تصميم التدريس والأهداف التعليمية لتحقيق مخرجات مرغوبة تحددها الأهداف التعليمية، وطريقة الاختبار المناسبة والمواد اللازمة واستراتيجية التعليم الملائمة.

ثم يأتي في نهاية المخطط عملية التقويم كما يوضح الشكل؛ فقد تم تحديدها بعدد من الأسئلة التي تسعى إلى تحقيق غرضين هما:

١- التأكد من أن الأهداف التعليمية تعبر بوضوح عن متطلبات الأداء، كما تم توضيحها وتوصيلها في محتوى الموضوع الدراسي.

٢- التأكد من أن الاختبارات والمواد والاستراتيجيات المستخدمة قد تم تصميمها لتسهيل تحقيق الأهداف من قبل المتعلمين.

٣- **المرحلة الثالثة: مرحلة التطوير والإنتاج.**

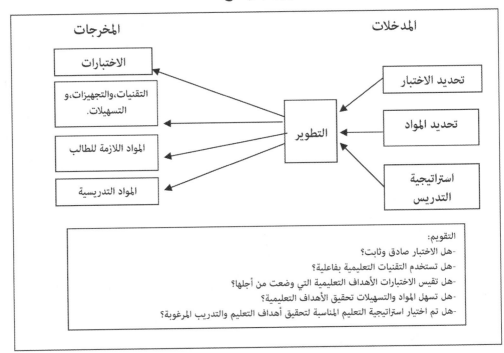

شكل رقم (١٠) مرحلة التطوير.[1]

[1] - أساسيات تصميم التدريس ص١٨٨.

تعد هذه المرحلة امتداداً لمرحلة التصميم السابقة،حيث يتم فيها تحويل تصميم التدريس إلى مواد ت

دريسية حقيقية؛ ففي هذه المرحلة يبدأ تصنيف التعليم حسب فئات التعلم التي تحدد الخطوط الرئيسية والضرورية فيأخذ التعلم الجديد مكانه.

وتحدد المواد التعليمية وطريقة عرضها على الطلاب من خلال عملية تخطيط، تهتم بخصائص المتعلم، وخصائص الوسائل التعليمية، ومعايير مواقف التعلم، كما تهتم هذه المرحلة بتحضير المواد التعليمية اللازمة والوسائل التعليمية المرافقة لعرض المادة، من قبل المدرسين أو المدربين،وتنظيم النشاطات المختلفة.

وفي هذه المرحلة يتم تحضير وثائق تقويم المتعلمين، ووثائق تقويم البرنامج التعليمي، ووثائق تقويم النشاطات والوسائل التعليمية والتدريب، والتكاليف. وينبغي أن تخضع المواد التعليمية أو التدريبية عند إنتاجها لعمليات التقويم، لمعرفة وتقرير فاعليتها ومناسبتها لاحتياجات المتعلمين والمتدربين.

وعلى هذا فإن عملية التقويم تتضمن مراجعة المحتوى والخبرات التدريسية، فتهتم عملية التقويم بموضوعية الاختبار، ودقة وشمولية وسهولة استعماله، وسهولة فهمه، وفاعلية مواد التدريس .

وتفيد عملية تطوير الاختبار المتعلمين والمتدربين في أنها تقرر ما إذا كانت هناك مشكلات مع المواد والاستراتيجيات التدريسية.

توصف الاختبارات بأنها فاعلة إذا كانت تتصف بالصدق والثبات والموضوعية والدقة في القياس ووضوح التعليمات، وسهولة التصميم واستخراج الدرجات. كما أنه من المفيد اختبار الوسائل التعليمية، التي سيتم استخدامها، لمعرفة كفايتها وفاعليتها، لتحقيق الغاية التي استعملت من أجلها.

ومن المفيد أيضاً اختبار المواد التي تقدم للطلاب لمعرفة ما إذا كانت مكتملة وسهلة الاستعمال، ولمعرفة مدى تدرجها وترابطها مع بعضها.

وبشكل عام، يمكن وصف مرحلة التطوير بأنها مكتملة إذا أثبتت الاختبارات المطورة، أن المواد التي تم تقديمها، هي مواد مناسبة، ويمكن استيعابها، حسب مثيرات بيئية محددة .

<u>**المرحلة الرابعة: مرحلة التنفيذ.**</u>

ويمكن تشكيلها وفق الشكل التالي:[1]

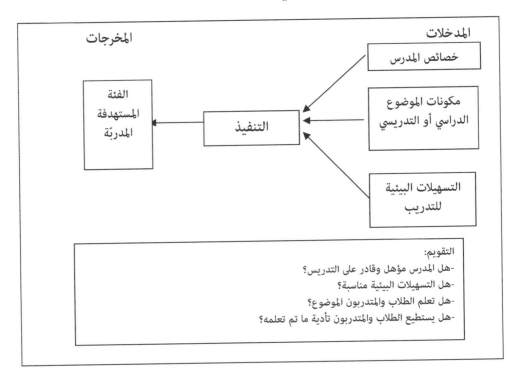

شكل رقم (١١) مرحلة التنفيذ.

[1]- أساسيات تصميم التدريس ص،١٩٠

تعد مرحلة التنفيذ هي المرحلة التي ينفذ فيها البرنامج التعليمي بشكل فعلي، حيث يبدأ التدريس الصفي باستخدام المواد التعليمية، المخطط لها مسبقاً والمعدة سلفاً، من خلالها النشاطات بصورة جيدة، وعلى أكمل وجه.

وفي هذه المرحلة يقوم الفريق الذي أجرى عملية التصميم بتقديم فكرة عن مدى صلاحية وملاءمة البرنامج ومكوناته ومحتواه التعليمي في ظروف حقيقية ثم تقديمها في مرحلة التطوير.

وقد أكد (روزنبرغ) أن المدخلات في هذه المرحلة ينعكس أثرها على عملية التصميم، مثل: خصائص المدرس، ومكونات الموضوع الدراسي أو التدريسي، والتسهيلات البيئية للتدريب، وسوف نتناولها بالتفصيل فيما يلي:

١- <u>خصائص المدرس</u>: وخصائص المدرس من العوامل المؤثرة سلباً وإيجاباً في مرحلة التنفيذ، ويؤكد تصميم التدريس على أن يكون المدرس مؤهلاً وخبيراً، ليزيد من تحقيق الثقة في المواد المقدمة في الصف، كما أن المدرس المؤهل والخبير يحسن التعامل مع الطلاب، وهذا يؤدي إلى احترامهم له، وتقديرهم إياه؛ الأمر الذي يقود إلى تسهيل التعليم والتدريب، ويزيد من استيعاب الطلاب؛ مما يجعل البرنامج التدريسي أكثر فاعلية ، وهذا يشير إلى أن مرحلة التنفيذ – أيضاً – تبرز دور التدريس في تعلم الطلاب وأدائهم.

٢- <u>مكونات الموضوع أو الدرس</u>:- تتحدد الخبرات والمواضيع التي يراد إكسابها للأطفال ، ويتم ترتيبها بشكل مترابط حسب علاقات قائمة بينها، وحسب أسس تسمح بنجاح التعليم والتدريب، وضمان تحقيق المستوى المحدد ضمن إطار الخبرات والمواد المعدة للمواقف التعليمية والتدريبية.

٣- **تسهيلات التدريب وأية عوامل بيئية:-** من المؤكد أن وجود التسهيلات البيئية كوسائل التعليم والأجهزة والظروف البيئية المناسبة، وأية عوامل أخرى تزيد في فاعلية البرنامج التدريسي والتدريبي؛ ذلك أن هذه التسهيلات تحقق ما يلي:

- تساعد المتعلم على السيطرة على الخبرات التعليمية والتدريبية المقدمة له.

- تزيد من تفاعله معها بوسائط أكثر ملاءمة وسهولة.

- تسهم في ثقته بعلاقات البرنامج الداخلية ومكوناته.

- تطوير ثقته بأهمية البرنامج وكفاءته، وقيمة الخبرة التي اهتمت ببنائه وإدارته، والمديرين له.

- توفير ظروف بيئية وهادئة وبعيدة عن المشتتات الضوئية والصوتية، مما يساعد الطلاب والمتدربين على الاستفادة من التسهيلات المتوافرة، واستعمالها استعمالاً فردياً لتحقيق الأهداف المرغوبة.

المرحلة الخامسة: التقويم:

والغاية من التقويم معرفة مقدار ما تمّ تحقيقه من الأهداف، وتشخيص التعلم لمعرفة مواطن الضعف، لكي يقوم المصمم بتحسين البرنامج التعليمي وتعديله، من خلال تقويم البرنامج التعليمي نفسه، والقائمين عليه، وتقويم المتعلمين، ومعرفة مدى تقدمهم ، واستمرار المحافظه على مواقع القوة لاستمرار تحقيقها.

إن التقويم عملية مستمرة ، وسواء أكانت مرحلة التنفيذ قصيرة المدى أم طويلة المدى؛ إذ في المرحلة قصيرة المدى يهتم التقويم باستعدادات المتعلم ، والمواد والتسهيلات التدريبية للطلاب المتدربين، للوصول في النهاية إلى تحقيق

أقصى ما يمكن من أداء ،لأن الأداء الأقصى هو مركز اهتمام أي برنامج تعليمي أو تدريبي.

أما مرحلة التنفيذ طويلة المدى، فإن الاهتمام ينصب فيها على اكتشاف الصعوبات أو المشكلات التي تعترض التنفيذ، وهذه ترتبط كثيراً بالمواد والتسهيلات، والمواد التي تؤثر في فاعلية البرنامج، لذلك تعد ملاحظة أداءات المتدربين والمتعلمين واتجاهاتهم نحو الموضوع مهمة ضرورية في مواقف وبرامج التدريب . وأن الحصول على معلومات عن جوانب الضعف في البرنامج التعليمي يساعد في إصلاحه ليكون مناسباً ومحققاً للأهداف.

ولكي يكتمل البحث في هذا الموضوع لا بد من استشارة الخبراء في عملية التقويم، وأخذ آرائهم بعين الاعتبار، ولا بد من أخذ رأي المتعلمين ومدى تفاعلهم مع البرنامج التعليمي، لإعطاء معلومات تساعد على تحسين البرنامج التعليمي.

وسوف نتحدث عن نموذج "كمب "الذي يحدد العناصر الأساسية التي يضعها مصمم التدريس في اعتباره،عند وضعه خطة لتصميم التدريس وتطويره

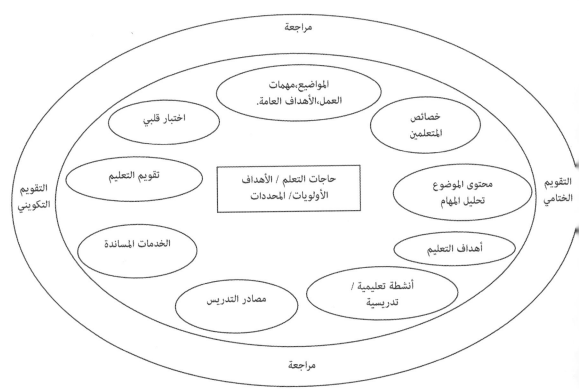

شكل رقم (١٢) ويمثل نموذج عناصر خطة تصميم التدريس لكمب [١]

يوضح النموذج السابق العناصر التي ينبغي أن يعالجها مصمم التدريس في البرنامج التدريسي والتدريبي، وهي عشرة ذكرها "كمب" على النحو التالي:

١- تحديد حاجات المتعلم لتصميم برنامج التدريس،وصياغة الأهداف العامة، والأوليات والمعوقات التي ينبغي التعرف عليها وتنظيمها.

[١] - أساسيات تصميم التدريس،ص,١٩٣

٢- اختيار المواضيع الرئيسية، أو مهام العمل، والأغراض العامة، التي ستستخدم في عملية التدريس.

٣- تحديد خصائص المتعلمين أو المتدربين،التي ينبغي أخذها بعين الاعتبار في عملية التخطيط.

٤- تحديد محتوى الموضوع، وتحليل المهام المتعلقة بصياغة الأهداف.

٥- صياغة الأهداف التعليمية التي ينبغي إنجازها وفق محتوى الموضوع وتحليل المهام.

٦- تحديد الأنشطة التدريسية التعليمية ،التي يتم من خلالها تحقيق الأهداف.

٧- تحديد مصادر التعلم التي تساعد في تدعيم الأنشطة التدريسية والتعليمية.

٨- تحديد الخدمات المساعدة اللازمة لتطوير الأنشطة التدريسية، وتوظيفها. والحصول على المواد بنتاجها.

٩- إعداد وتصميم أدوات تقويم النتائج التدريسية والتعليمية.

١٠- تحديد وتصميم الاختبارات القبلية لمعرفة استعدادات المتعلمين أو المتدربين الذين سيدرسون الموضوع[١].

ويعد نموذج "كمب"بشكله البيضوي من أهم النماذج التي تستخدم في عملية التقويم؛ لأنه بضمن تقويماً تكوينياً ، وتقويماً شاملاً، وعملية المراجعة والتحسين، وهذه الأمور تجعل التصميم موضع متابعة مستمرة للوصول إلى أكثر الأحوال مناسبة للأهداف.

---

[١] – أساسيات تصميم التدريس،ص١٩٢

استراتيجيات مساعدة Supporting Strategies :

هناك بعض الاستراتيجيات التي تعين مصمم التدريس على إعداد برنامجه بشكل أفضل، وهو يؤثر في التعليم أثناء عملية التعليم وبعده، ومن هذه الاستراتيجيات:

١- **التغذية الراجعة Fead back :** وتعني تزويد المتعلم بمعلومات رقمية أو وصفية كيفية عن مدى تقدمه، ومدى تحقق الأهداف لديه على شكل نواتج تعليمية.

وفائدتها أنها تساعد المتعلم في تحسين أدائه، وتتم بأداء اختبارات أدائية، أو أثناء عملية التدريس (تقويم تكويني)، يمكن من خلالها معرفة تفاصيل ضعف التلاميذ، أو قوتهم، أو أية ملاحظات عنهم .

٢- **التسهيلات والإمكانيات المتاحة Avalable Facilities :** وتعني الإمكانيات المادية المتوفرة ،والأجهزة والمعدات والوسائل التعليمية.

إن توافر هذه التسهيلات والإمكانات يساعد في تحسين أداء التلاميذ بشكل كبير،وترسيخ ما تم تعلمه في أذهانهم.

٣- **الحوافز Incentives:** والحوافز نوعان: مادية ومعنوية، وهي مهمة جداً في تحسين أداء التلاميذ؛ لأن سلوك الفرد يتأثر كثيراً بهذه الحوافز، فإن الطفل لديه قوى داخلية وخارجية، تدفعه، وتحركه، وتنشطه، وتبعث فيه الطاقة نحو تحقيق غاية معينة.

لذلك ينبغي أن يبذل المدرسون جهداً إضافياً لإثارة اهتمام التلاميذ، وحفزهم للمشاركة بصورة إيجابية في مختلف النشاطات،التي تناسب ميولهم ورغباتهم.

ويمكن أن تأخذ الحوافز أشكالاً متعددة، كاستخدام عبارات المدح والثناء،أو إعطاء العلامات التعزيزية، أو شهادات التقدير، أو كتابة أسماء المتفوقين على لوحة المتفوقين،أو غير ذلك.

٤- الاتجاهات Attitudes:

لا بد أن يكون البرنامج التعليمي منسجماً، ومتوافقاً مع رغبات التلاميذ واتجاهاتهم؛ لأن ذلك يؤدي إلى تحسين أدائهم، فإن وجود اتجاهات إيجابية نحو البرنامج التعليمي يساعد بشكل ملموس على تحقيق عملية الاستيعاب، وتفاعل المتعلم مع البرنامج، ويساعده على الإقبال على التعلم والتدريب بدرجة كبيرة، ويساعده على تركيز انتباهه،وهذا كله يسهم في إنجاح البرنامج التعليمي والتدريبي.

افتراضات عملية تصميم التدريس:Instruction design assumptions:

لكي يتم فهم عملية تصميم التدريس،وتطبيقها تطبيقاً ناجحاً، فلا بد من توفر عدد من الافتراضات التي تؤثر على تفكيره وتنفيذ المصمم التدريسي،وتشكل الخلفية للإطار النظري الذي يحيط بعملية بناء،واختيار، وتنفيذ المصمَّم التدريسي، وتوضيح البنية المنطقية والفلسفية له.وهذه الافتراضات هي:

١- **الافتراض الأول**: ويتعلق بالإجراءات النظامية التي يحددها المصمم التدريسي، ويهتم بتحقيقها، من أجل معالجة التفاصيل ضمن الخطة، إذ ينبغي أن يتم تنظيم وترتيب العناصر بطريقة نظامية ومنطقية.

ثم تحدد الاستراتيجيات المناسبة التي تهدف إلى تحقيق الأهداف التدريسية المتوخاة. وتحدد أيضاً تفاصيل النشاطات التعليمية، وكيف سيشارك الطلبة في تحقيق النشاطات التعليمية؟ وما النشاطات التعليمية التي سيقومون بها من أجل تحقيق الأهداف المرجوة؟ وتعد هذه التفاصيل مهمة لتحقيق وإنجاح بناء تصميم

تدريسي دقيق، وتطبيق الإجراءات النظامية، إنها فعلاً هامة؛ لأنها تحقق تعليماً فعالاً.

٢- **الافتراض الثاني:** ويشير هذا الافتراض إلى المستوى الذي تطبق فيه عملية تصميم التدريس، إذ إن هذه العملية تطبق في مستوى مساق أو موضوع دراسي، ويمكن أن يساعد مصممو التدريس والإداريون في اتخاذ قرار عن الأهداف والاتجاهات والتركيز على البرنامج.

ويفترض بعد تحديد المستوى أن تحدد الغايات والأهداف والحاجات التي يراد تحقيقها لدى الدارسين، أو المتدربين،كما تحدد عناصر التدريس الأخرى كالمحتوى، بما يضمه من حقائق ومفاهيم،ومبادئ، وأفكار، ومهارات، كما يتم تحديد الاستراتيجيات المناسبة، من طرق وأساليب ووسائل ونشاطات، لتسهيل عملية التدريس، وتحقيق الأهداف المتوخاة.

٣- **الافتراض الثالث:** ويشير هذا الافتراض إلى أن خطة تصميم التدريس تطور، لكي تستخدم من قبل المدرس، وفريق التصميم. ولكن لا يشترط عند تنفيذها وتطبيقها،أن تعطى للطلبة على الصورة التي تكون عليها عند التخطيط، بل إن كثيراً من العناصر التي تم تطويرها في الخطة ستخضع للتعديل والتغيير حينما يراد استخدامها لدى الطلبة.

٤- **الافتراض الرابع:** ويشير إلى أهمية الاستراتيجية في عملية التصميم،ولذلك تُعنى عملية تصميم التدريس بابتكار الإجراءات التي تعزز التعلم، وتسهله،وأهم نشاط في هذه العملية هو التدريس،ولذلك ينبغي على المدرس أن يطور أساليب جديدة، وينوعها لأجل تحقيق الأهداف التدريسية، ويتحمل المتعلم جانباً كبيراً من المسؤولية لتحقيق أهداف التدريس، ولذلك يجب أن تصمم الأنشطة بحيث تتيح لكل فرد الاندفاع في عملية التعلم.

٥- **الافتراض الخامس:** ويشير هذا الافتراض إلى أهمية تلبية حاجات المتعلم في خطة تصميم التدريس، إذ إن عملية تصميم التدريس تكون أكثر فاعلية إذا ما بذل الاهتمام في تصميم التدريس،لتلبي حاجات المتعلم وفائدته، وليس للجماعة عموماً.

لذلك ينبغي أن تصاغ الخطط لتراعي التعلم الفردي، كما ينبغي اعتبار استخدام الاتجاهات غير التقليدية في التدريس.

٦- **الافتراض السادس:** ويشير هذا الافتراض إلى الجهود الكبيرة ،التي تبذل لتحقيق المستوى المقبول لجميع الطلاب أثناء التخطيط، مثل: توفير خلفية أكاديمية جيدة،وتعليم مناسب،ووقت كاف للتعلم،واختبارات قبلية، وقد أظهرت الدراسات أن ٩٥% من مجموع الطلبة يمكن أن يحققوا ما يطلب منهم،إذا تحققت لهم هذه الأشياء.

٧- **الافتراض السابع:** ليس هناك طريقة حسنة لتصميم التدريس؛ إذ المعروف أن كل مصمم تدريسي يختار الخطة الدراسية المناسبة، ويطورها بصورة تناسب أهدافه، ولكن نجاح الخطة في تحقيقه يمكن الحكم عليه من خلال تحقيق مستوى مقبول من التعلم لدى الطلبة.

ملاحظات مهمة حول الافتراضات السابقة:

١. يجب أن يكون المصمم على دراية ومعرفة واضحة لما ينبغي أن يتعلمه الطلاب.

٢. إن أفضل أنواع التدريس أكثرها تأثيراً[١] وأكثرها فعالية[٢].

---

١ - هي التي تسهل اكتساب المتعلمين للمهارات والمعارف.
٢ - تتطلب أقل فترة زمنية ممكنة للتعليم.

٣. يستطيع الطلبة التعلم من خلال بعض وسائل التعلم، وقد لا يكون وجود المعلم ضرورياً في عملية التصميم.

٤. هناك مبادئ للتدريس تنطبق على جميع الفئات العمرية، وعلى كافة المناطق، مثل المشاركة الفاعلة للطلبة، وتفاعلهم ذهنياً وجسدياً مع المواد التي تدرس.

٥. يجب أن تشمل عملية التقويم أداء الطلبة، وتقويم التدريس، كما يجب أن تجري تغذية راجعة لعملية التدريس بصورة كاملة، وتكون أكثر تأثيراً، وفاعلية وواقعية.

٦. ينبغي تقويم الطلب بناء على تحقيقهم الأهداف العملية التعليمية.

٧. ينبغي أن يكون هناك توافق بين الأهداف واستراتيجيات التعلم.

أهمية عملية تصميم التدريس:

السؤال الذي يلح علينا الآن، هو: لماذا نشغل أنفسنا بعملية التصميم؟ وما أهمية ذلك؟

تكمن أهمية تصميم التدريس في عدة أمور أهمها:

١. إنها عملية تعطي مؤشراً على مدى الجهد المبذول في عملية التدريس،ومدى الوقت الذي تستغرقه، والكلفة التي تحتاجها، فهي تحدد ملاءمة هذه الأمور لعملية التدريس، أو عدم ملاءمتها، وهي أيضاً تحدد جدوى العملية، والعائد، والجدوى الاقتصادية، بهدف اتخاذ قرار باستمرارها،أو تعديلها،أو تحسينها،أو تغييرها، وهذا من اختصاص الإداري أو مدير البرنامج الذي يجب أن تكون النتائج لعملية التدريس مناسبة لما بذل فيها من جهد ووقت وكلفة.

٢. إنها تعطي الإشارة لمصمم التدريس، دليلاً على تحقيق برنامج الأنشطة لدى المتعلمين،في فترة زمنية مناسبة.

3. إنها تعطي فكرة للمعلم عن مدى اكتساب المتعلم للكفايات المطلوبة.
4. إنها تعين المتعلم على تحقيق النجاح في تعلمه،ثم السرور والمتعة.بما حققه وتعلمه.
5. إن عملية التصميم المتقنة للمساق أو الوحدة الدراسية، أو موضوع محدد الأهداف، تعين ٩٥% من الطلبة على أن يتعلموا كل ما يقدم لهم بمستوى مقبول، وقد أكد هذا "بلوم" في دراساته، التي أجراها على مدى ٢٥ سنة، على طرق التدريس،بهدف تحسين عملية التدريس في المدرسة، فتوصل إلى استنتاج مفاده: أنه يمكن ل٩٥% من الطلبة أن يتعلموا كل ما يقدم لهم بمستوى مقبول.

ويتضمن هذا الاستنتاج افتراضاً مؤداه: أن التعلم الناجح يتحقق لدى معظم الطلبة، إذا ما تمَّ تصميم البرنامج التدريسي، والعوامل المرتبطة بخصائص المتعلم، وأن ذلك سيتحقق بنفس الدرجة، سواء أكان في البرامج الأكاديمية،أو البرامج التدريبية المهنية.

6. إن عملية تصميم التدريس المتقنة تساعد على بناء اتجاهات إيجابية نحو التعلم،فقد ثبت أن الاتجاهات الإيجابية نحو التعلم تتحقق لدى الطلبة - إذا تم مراعاة الأصول - في بناء برامج تدريبية مناسبة للطلبة والمتدربين.

مزايا استخدام نظام تصميم التدريس:

من أهم مزايا استخدام هذا النظام ما يلي:

1- تشجيع الوقوف إلى جانب الطلبة، وتأييدهم؛ لأن الطالب هو محور العملية التربوية، لذلك يقوم مصمم التدريس بتنظيم المحتوى، وحل الأولوية للمعلومات المتعلقة بالطلبة؛ لذلك ينصح المصمم أن يضع نفسه مكان الطالب،حتى يجعل المحتوى واضحاً له.

٢- دعم التدريس الفعّال المؤثر المحفز، وذلك بالاهتمام بمشاركة الطالب، وتحسين استراتيجيات التعلم، لتكون أكثر ملاءمة ومناسبة للمواقف التعليمية، وتحسين عملية التقويم الذي ينهض بعملية التدريس، من خلال المراجعة الشاملة لكل عناصر عملية التدريس.

٣- التنسيق والتعاون بين المصممين والقائمين على عملية التنفيذ، مما يتيح وجود لغة اتصال مشتركة لتبادل الآراء حول الإجراءات، والمعايير العامة.

٤- تسهيل عملية التوزيع وتولي المهام.

٥- دعم تطوير عرض النظم المختلفة، فإن كثيراً مما يستخدمه المعلمون في التدريس أساليب تقليدية، تحتاج إلى تطوير، ولذلك يمكن استخدام أساليب أكثر فعالية كالحاسوب، والفيديو، والآلة الكاتبة.

٦- تحدث الانسجام والتوافق بين الأهداف والنشاطات، والتقويم.

تطبيق عملية تصميم التدريس في عمليات التدريس، وبرامج التدريب المهنية:

هناك فرق بين عملية تصميم لبرنامج مهني تدريبي، وبين برنامج تعليمي أكاديمي في مرحلة من مراحل التدريس (ابتدائية، أساسية، ثانوية، جامعية)، إذ إن متطلبات البرنامج المهني، تختلف عن متطلبات البرنامج الأكاديمي النظري، حيث يتم التركيز في البرنامج التدريبي على المعارف والمهارات الضرورية للأداء على مهمات محددة.

وعلى أية حال، فإن المعلم يكون قد أعد نفسه ليستخدم ما تعلمه لعدد كبير من الحاجات المهنية المستقبلية، والحاجات الشخصية، وبغض النظر عن الأهداف التي أعدت للمساق، فإن التخطيط التدريسي يتطلب نفس العمليات التفكيرية الشاملة، مع التركيز على عناصر التصميم المتشابهة.

ولذلك، نجد أن المبادئ المتماثلة في التعلم تتطلب تنظيم الخبرات للأفراد، سواء أكان مهنياً كتعلم التجارة، أم معرفياً كتعلم درس التاريخ، لكن هناك تركيز على بعض التفاصيل المحددة التي تختلف في درجتها،غير أن هناك عناصر متشابهة بينهما، في خطة تصميم التدريس.

خطوات تصميم التدريس:

بناء على ما تقدم فإن خطة تصميم التدريس تتألف من الخطوات التالية:

١-   تحديد المحتوى.

٢-   تحليل المهمة التعليمية.

٣-   تحديد السلوك المدخلي.

٤-   كتابة الأهداف الأدائية.

٥-   تطوير الاختبارات المحكية.

٦-   تطوير استراتيجية التعلم.

٧-   تنظيم المحتوى التعليمي.

٨-   تطوير المواد التعليمية واختبارها.

٩-   تصميم عملية التقويم التكويني.

المشاركون في عملية التصميم، وهم:

١- مصمم التدريس: وهو الذي يرسم الإجراءات التعليمية، وينسقها في خطة مرسومة ومدروسة.

٢- المدرس: وهو القادر بالتعاون مع المصمم على تنفيذ البرنامج.

٣- اختصاصي الموضوع: وهو رجل مؤهل، يستطيع تقويم المعلومات والمصادر، وهو مسؤول عن دقة المحتوى والأنشطة والمواد المرتبطة به.

٤- المقوم: وهو رجل يستطيع مساعدة المدرسين في تطوير أدوات التقويم، وهو المسؤول عن جميع البيانات وتفسيرها،خلال تجريب البرنامج، لتقدير مدى فاعليته وكفاءته، وفق ظروف عادية، وهو المسؤول أيضاً عن تقويم البرنامج، والتصاميم التدريسية،والحكم على جودتها وفعاليتها.

تصميم التدريس عمل إبداعي:

يشير "كمب" إلى أن عملية التدريس عملية إنسانية، مخطط لها،يمكن تحسينها وتعديلها، وتلافي الأخطاء والعيوب التي قد تصيبها، وليست عملية آلية أو تقليدية اتباعية، وهي تهدف في النهاية إلى توصيل الأهداف المحددة والمقصودة، إلى الطلبة بالصورة المثلى.

ويرفض "كمب" قول من يزعمون إن عملية تصميم التدريس تعيق عملية التدريس؛ لأن هدف مصمم التدريس أن يستغل إمكانيات الطلبة وقدراتهم بأقصى ما يستطيع، ليصل به إلى التعليم الأمثل، ولهذا لا يكون إلا باستنباط نماذج إبداعية من تصميم التدريس، تقوم بتنظيم بيئة المتعلم، واستغلالها أحسن استغلال في توصيل الأهداف المخطط لها إليه.

وإذا ما افترض أن الإبداع هو وضع الأشياء المألوفة للوصول إلى أشياء غير مألوفة، فإن الإبداع في تصميم التدريس، هو وضع العناصر المتاحة أمام الجميع، وتنظيمها، ووضعها ضمن مخطط يهدف إلى تحقيق نواتج جديدة لم تكن لتتحقق لو لم توضع كذلك.

لذا يجتهد المصممون أن تكون نماذجهم أكثر اكتمالاً في حاجات التلاميذ، وذلك من خلال استغلال العناصر أو المتغيرات الكثيرة، التي يستخدمونها في

نماذجهم، والتي يمكن أن تلبي هذه الحاجات،وهذا بدوره يؤدي إلى تحقيق مفهوم الإبداع بصورة عامة، والذي يعني الابتكار، والبعد عن تقليد الأخرين، ومماثلتهم، واتباع منهجهم أو تفكيرهم، أو فعلهم، وهذا واضح في تمايز نماذج التصميم المتعددة،وعدم تشابهها مع بعضها.

ويرى بعض العلماء أن نموذج "كمب" البيضوي هو من النماذج الإبداعية في مجال تصميم التدريس ؛وذلك لأنه يقوم على تنظيم عدد كبير من المتغيرات البيئية المتاحة أحسن تنظيم، لكي تلبي حاجات المتعلمين بدرجةعاليةمن الكفاءةوالفعالية،وبالتالي تحقيق نواتج تعليميةجديدةتتجاوزما تم التخطيط له.

وتعد الأنشطة التالية من الأنشطة الإبداعية التي يقوم بها المعلم أو مصمم التدريس وهي:

١- تحديد المواقف التي تسمح للطلبة بتطوير أفكارهم،والتعبير عنها بطريقة جديدة.

٢- توفير المرونة لمخططات تصميم التدريس،تتيح للعملية التعليمية بيئة مناسبة لمحاربة أفكار أصيلة وجديدة.

٣- إتاحة الفرصة للطلبة للتعبير عن أفكارهم المستقلة في الأنشطة التي تقدم لهم.

٤- تزويد التلاميذبأنشطةتعليميةمفتوحةالنهاية،تسهم في تطوير الإبداع لديهم.

٥- مراعاة المعلم ومصمم التدريس الفردية المتعلم، وقدراته واستعداداته الخاصة، ومستوى تطور شخصيته؛ مما يسهم في تطوير القدرات الإبداعية لديه.

٦- مساعدة المدرس على تعميق مهمة الأنشطة والإجراءات التعليمية الصفية، مما يجعل عملية التصميم عملية منظمة، تحتاج إلى إعداد وتأهيل.

وباختصار، فإن تصميم التدريس لا يغلق الفرص أمام المدرس لكي يكون تعلم الطلبة تعلماً إبداعياً؛ لأنه يثبّت حاجات الطلاب، وقدراتهم، ويضع الطلبة في مواقف يمارسون فيها حرية التفكير والاستقلال، وتحمل المسؤولية في تعلمهم، كما أنه يشجعهم على السير في مخطط تدريس منظم، ينفذه المعلم أو المدرب لتحقيق الممارسات والأفعال الإبداعية، والمعالجات الذهنية للأشياء والمواقف والخبرات التي قد تظهر لأول وهلة أنها عادية، وذلك من خلال معالجاتهم لعناصرها وتغييرها، وتقليب وجوهها، للوصول إلى معارف وخبرات، ومهارات جديدة، لم تكن لديهم من قبل.

الباب السادس
الأسس النظرية لنماذج التدريس

١- مقدمة في نماذج تصميم التدريس.

٢- معايير نموذج تصميم التدريس الجيد.

٣- المفاهيم الافتراضية السلوكية، والاستعداد المفاهيمي، والتقويم.

الباب السادس
الأسس النظرية لنماذج التدريس

يرى جويس وويل أن الأنموذج التدريسي خطة يمكن استخدامها في تنظيم عمل المعلم ومهامه، من مواد وخبرات تعليمية وتدريسية، ويرى هذان العالمان أن التدريس يعنى بتوفير الظروف البيئية، التي تضم عناصر وأجزاء مترابطة ومتكاملة كالمحتوى والمهارات والأدوات التعليمية والعلاقات الاجتماعية، وألوان النشاط والإجراءات، والتسهيلات المادية والبيئية، التي تتفاعل فيما بينها، لتحدد سلوك الطلبة والمدرسين.

والنماذج التدريسية هي وسائل، تبنى على نظريات تدريسية، وأدوات ومخططات تدريسية، تبنى على نظريات تدريسية، وهي تمثل النظرية على صورة خطوات وممارسات صفية.

ويعرف جويس وويل النموذج التدريسي بأنه خطة توجيهية، يتم اقتراحها بناء على نظرية تعلم معينة، وهي تصف مجموعة نتاجات، وإجراءات مسبقة تسهل على المدرس عملية تخطيط نشاطاته التدريسية، على مستوى الأهداف والتنفيذ والتقويم، ويقترح جويس وويل ، أن على المعلم في حال تبنيه نموذجاً تدريسياً، أن يمارس نماذج سلوكية محددة، مثل استثارة اهتمام المتعلم وتوجيه انتباهه، وشرح المفاهيم، وتزويده بالتغذية الراجعة المثبتة على نظرية تعلم سلوكية معرفية إنسانية أو اجتماعية.

ويتضمن النموذج الخصائص الآتية:

١-الاختزال: إن الواقع التعليمي واقع معقد،ومركب،تتشابك فيه المكونات والعناصر وتتداخل،وتكون الغاية الأساسية للنموذج التدريسي تبسيط الواقع، والتمكن من حل مكوناته، وإدراك طبيعة العلاقات المتحكمة فيه.

ويشير الاختزال إلى تحريف الواقع؛ لأنه يمكن تمثيل جميع جوانب الواقع التعليمي بكل تفاصيله وجزئياته؛ لأن الواقع أصعب وأعقد من أن يرسم أو يمثل في نموذج معين.

٢-التركيز: وتشير هذه الخاصية إلى أن النموذج التدريسي يتصف بالتركيز؛ لأنه يعمل على إبراز بعض الخصائص من خلال تركيزه على بعض مكوناتها، وإدراك العلاقات الموجودة بينها، مما يعطي الدارسين مرونة كبيرة في التعامل مع الواقع، كما يمكنهم من توظيف المخططات، وخطوات السير التي تم تحديدها.

٣-الاكتشاف: يتصف النموذج التدريسي بقيمته المنهجية الكشفية، أي أنه لا يقف عند حدود وظيفته الوصفية والتحليلية،بل يتجاوزها إلى قدرته على مساعدة الباحثين على تطوير نظرياتهم، واكتشاف نماذج جديدة أكثر تعقيداً، وبلورتها، وهو أقرب إلى الواقع التعليمي، الذي يمكنهم من إدخال تعديلات على الأنموذج الأصل ليضم عدداً أكبر من المحاولات التي تشمل عدداً من العلاقات الجديدة.

ويهدف استخدام نماذج التدريس إلى اعتبار التدريس علماً مبنياً على ما أخذه من الأبحاث في سيكولوجية التعلم ونظرياته من المبادئ والتعميمات والنظريات، وتوظيفها في التدريس الصفي، في جعل علم التدريس علماً تطبيقياً، يخضع لمبادئ فاعلية الاستخدام والتوظيف في المواقف الصفية التدريسية. والمعلم البارع المؤهل ذو الكفاية هو الذي يسيطر عليها في المواقف التعليمية الحقيقية.

فمن هو هذا المعلم البارع ذو الكفاية؟

- هو المعلم القادر على التوصل إلى اكتشاف أشياء جديدة، وخبرات ومعلومات نتيجة تفاعله مع المواقف التدريسية المختلفة.

- وهو الذي يتوقع منه أن يكتشف نماذج تدريسية جديدة، ويستخدم أدوات أو مواد دراسية لتحسين التدريس ونظريته، فليس هناك مصدر لتحسين التدريس وتطويره مثل المدرس، الذي يقضي معظم وقته وجهده في التدريس، داخل غرفة الصف.

- وهو الذي يبني أوضاع التدريس الصفية على علاقات منظمة، ومقصودة، ومخطط لها، لا علاقات عشوائية مشوشة وغير منظمة؛ لأن التفاعل الصفي يجب أن يحكمه مجموعة من الإجراءات التدريسية وتنفيذها في مناخ صفي ملائم، يضمن تفاعلاً صفياً، ينعكس على أداء أو نتيجة مرغوبة.

- وهو الذي يتبنى أحد نماذج التدريس في تدريسه دليلاً على أنه أكثر عناية ومعرفة من غيره بنظريات التعلم واتجاهاتها، وافتراضاتها، ومفاهيمها ومبادئها، وفلسفتها، بهدف تحديد الظروف المناسبة التي يمكن فيها تبني الأنموذج التدريسي، الذي يعتمد في أصوله نظرية ما، ومبررات استعمال النموذج التدريسي دون غيره، ومزايا ذلك النموذج، من أجل زيادة فاعلية التدريس.

ومع ذلك فإننا نجد بعض المدرسين قاصرين عن تطوير النماذج التدريسية، وذلك لوجود معوقات كثيرة،منها:

١- افتقار المدرسين إلى الخبرة والمهارات في إجراء البحوث التطبيقية.

٢- انخفاض مستوى قدرة المدرسين على ممارسة الملاحظة العلمية العملية الدقيقة، لضبط العوامل التدريسية الصفية.

٣- زيادة أعباء المدرسين اليومية، وثقل جدولهم.

٤- عناية المدرسين بالتحضير للتدريس والتقويم.

٥- انخفاض فاعلية تأهيل المدرسين، مما يعكس أثراً سلبياً على دراسة العمليات التدريسية.

ويعرف مرعي وزملاؤه النموذج التدريسي بأنه" خطة توجيهية،تتبنى نظرية تعلم محددة، لتحقيق مجموعة نواتج تعليمية، وإجراءات، وأنشطة مسبقة، تسهل على المدرس عملية تخطيط أنشطته التدريسية، على مستوى الأهداف والتنفيذ والتقويم"، ووفقاً لذلك يفترض مرعي أن على المدرس في حال تبنيه لأنموذج تدريسي، أن يمارس نموذجاً سلوكياً محدداً في نموذج "جانييه" الذي يتضمن: استثارة، الاهتمام، وتوجيه الانتباه، وشرح المفاهيم، وتزويد المعلم بتغذية راجعة.

ويعد نموذج "جلاسر" خير ما يمثل خصائص الأنموذج التدريسي بصورته المبسطة، وهو يتكون من العناصر التالية:

١- الأهداف أو النواتج التعليمية.

٢- الاستعداد المفاهيمي.

٣- الأساليب والإجراءات التدريسية.

٤- تقويم الأداء أو ما تم تحصيله.

٥- تغذية راجعة تعود على العناصر الأربعة السابقة.

وهي ممثلة في الشكل التالي :

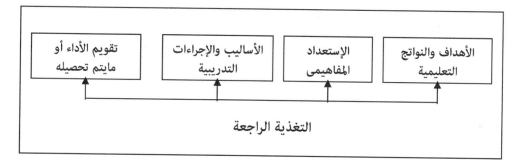

نموذج رقم (١٢) نموذج جلسر للتصميم والتدريس

ويتصف هذا النموذج بالبساطة؛ لأنه يختزل الواقع المتداخل والمتشابك، المعقد، ولا تظهر فيه إلا العناصر الأساسية في علاقاتها المتبادلة في الأنموذج.

كما أن هذه العناصر الأساسية ترتبط معاً بالتغذية الراجعة، ومن خلال ذلك تتحقق خاصيتا الاختزال، والتركيز، وهو يتميز بخاصية الاكتشاف، إذ يمكن اعتباره نقطة بدء لدراسات تالية لاختباره وتجريبه، وإضافة عناصر جديدة، أو تعديله وتطويره بحيث يصبح أكثر مناسبة، أو أكثر تكاملاً.

معايير نموذج التدريس الجيد:

لكي يكون المعلم قادراً على اختيار النموذج المناسب لتحقيق أهدافه، فلا بد أن نتعرف معايير النموذج التدريسي الجيد،وهي:

١- الأهمية: وتشير الأهمية إلى قيمة الأهداف التي يمكن تحقيقها بسهولة، ومدى استخدامها في مواقف تعين على تحقيق نواتج مرغوبة ،كما تشير إلى فائدته

في تسهيل عملية التعلم، من خلال معرفة خصائص المتعلم، وتيسير الأنشطة المستخدمة في عملية التعلم، وتقدمها بصورة فعالة.

٢- <u>الدقة والوضوح:</u> ويلخص القطامي[1] مفهوم الدقة والوضوح بالنقاط التالية:

١- الفهم والوضوح ، وسهولة استيعاب خطواته ، وافتراضاته ، ومسلماته، ومفاهيمه.

٢- الخلو من اللبس والغموض.

٣- الترابط والاتساق في عناصره ومكوناته.

٤- دقة الفرضيات، ووضع المفاهيم.

٥- سهولة ربط الإجراءات التدريسية بمفاهيم النموذج الافتراضية.

٦- سهولة المعالجة، والتنفيذ، والربط بالإجراءات التدريسية.

٣- <u>الاقتصاد والبساطة:</u> يصف برونر النموذج التدريسي الاقتصادي ، بأنه النموذج الذي يتطلب حداً من المفاهيم المفسرة لإجراءاته ومعارفه التفصيلية، كما أنه لا يتطلب جهداً كبيراً من المعلم أو الباحث، في تنفيذ إجراءاته وأنشطته التدريسية.

٤- <u>الشمول:</u> يمكن وصف النموذج التدريسي بالشمول والإحاطة، إذا كان مكوناً من مجموعة من العناصر المترابطة بعلاقات ترابطية، أو سببية، أو تفسيرية. ويمكن أن يعد النموذج شاملاً إذا كان قادراً على معالجة أكبر عدد ممكن من متغيرات العملية التدريسية، مثل:

---

[1] – أساسيات تصميم التدريس،ص٢٠٣

- خصائص الطلبة

- خصائص المدرسين

- أساليب معالجة مشكلات الطلبة، أو قنوات تواصلهم مع المواقف والأحداث.

- استعدادات الطلبة المفاهيمية.

- الإجراءات الصفية التدريسية.

- استراتيجيات التغذية الراجعة.

ومن خلال تفاعل هذه المتغيرات تنتج محصلة إيجابية، تنعكس على الجو الصفي بصورة إيجابية.

مناحي تصميم التدريس والنظرية السلوكية:

أكد "جستافسون" أن تصميم التدريس يتكون من المناحي التالية.

الأول: المنحى النظامي Systematic Approach:

ويقوم المنحى النظامي على أساس نظرية النظم التي تؤكد مفهومها العام تنظيم الفرد وبناءه بصور متكاملة ، وقد أكد علماء النظام ، من خلال هذه النظرية، أهمية تحديد مكونات الأنشطة الفردية ، وقياس تأثيرها .

وقد استفاد التربويون والمدرسون كثيراً من النظم، بعدما قاموا بتوظيفها في المواقف التربوية والتدريسية.

ولا بد من الإشارة إلى دور "سكنر" في دعم هذه النظرية، اعتماداً على ما قدمه في مجال تحليل السلوك الإنساني، وما توصل إليه في مختبره، ونقله إلى التعلم الإنساني.

وقد حدد "جستافسون" أربعة أنشطة تستخلص من نظرية النظم، هي:

- تحليل ما يراد تعلمه.

- تحديد طريقة التعليم والتعلم.

- تطبيق الطريقة ومراجعتها(التقويم التكويني)

- تقويم ما أصبح المتعلم قادراً على أدائه، بعد عملية التنفيذ(التقويم الختامي).

الثاني: أدوات التصميم:Design Tools:

أكدت نظرية النظم وجود مجموعة من المعارف، التي تؤدي إلى الخبرة والممارسة، وتستخدم هذه الخبرة عادة من الأصول والمبادئ النظرية لنظرية النظم، كما تستخدم من خبرات المتدربين، والطلاب، من خلال تنفيذ نظرية التعلم، واعتمادها في عمليات تصميم التدريس، وقد أشار"جستافسون" إلى أن هذه المعارف مجموعة من الأدوات، التي يختار منها مصمم التدريس ما يلبي متطلبات كل برنامج.

ويمكن القول أيضاً أن المكون العام للأنموذج، يضم المعرفة، والأدوات المشتقة من النظرية والتطبيق. وإن المعلم مثل أي فني، يمتلك أدوات يحتاج إليها في تطبيق عمله وتنفيذه، وهذه الأدوات هي: المعرفة والمهارة والخبرات.

الثالث: النماذج التدريسية:Instructional Models:

تحدث جويس وويل في كتابهما(نماذج التدريس) عن النماذج التدريسية، وأهميتها في ضبط بيئة التعلم، وتسخيرها للنهوض بعملية التدريس وتقدمها، وقد استندا في ذلك على أسس النظرية النفسية، ومبادئها، وقد أفادا منها في بناء عدد من النماذج ، التي تراوحت بين السلوكية والمعرفية. كما استندا إلى مبادئ النظرية الإنسانية، والنفس اجتماعية، لسد النقص في تفسير الأحداث التدريسية الصفية . ومع

ذلك نجد عدداً من المعلمين مقصرين في الاهتمام بعمليات ضبط المتعلم لبيئة التعليم، والعناية بها، لزيادة التطبيق المستند إلى نظرية التعليم والتدريس.

الرابع:أنظمة توصيل التدريس: Instructional Delivery Systems:

وتعني أنظمة التوصيل ما يستخدمه المعلم أو المدرب، في نقل وتوصيل الخبرات إلى المتعلمين والمتدربين، وتفاعلهم مع المواد المكتوبة والمرئية والمسموعة، والمواد التقنية المعدة و المناسبة، لتلبية متطلبات البرنامج التعليمي.

إن اهتمام المعلمين بأنظمة التوصيل، إنما يكون لأنها تسمح للمتعلم بالقيام بأنشطة وأدوات في مواقف التعلم والتدريب، تزيد من معرفته ومهاراته ، حسب خطة منظمة ومدروسة.

المفاهيم الافتراضية السلوكية للنموذج التدريسي:

Hypothetical Constructs:

يقوم النموذج السلوكي التدريسي على مجموعة من الافتراضات، تشكل الأساس النظري له، ويهتم الأنموذج بالتحديد الإجرائي المتمثل في السلوك، الذي يمكن ملاحظته وقياسه، ووصفه وتحديده، وتعريفه بدقة، ومن هذه المفاهيم[1]:

١. السلوك:Behavior،وهو استجابة لمثير ما.

٢. الاستجابة:Response،ما يجريه المتعلم من أداء.

٣. التعزيز:Reinforcement، زيادة احتمالية ظهور سلوك ما، وتكراره، بفعل آثار مرغوبة أو مرضية.

٤. التعزيز السلبي:Negative Reinforcement، إيقاف تأثير مزعج، أو مؤلم.

---

[1] -أساسيات تصميم التدريس،ص٢٢٨

٥. الانطفاء:Extinction،تكرار تقديم المثير وحده، دون أن يتبع بتعزيز.

٦. الاسترجاع التلقائي: Spontaneous Recovery،ظهور السلوك المطفأ عند ظهور المثير مرة أخرى.

٧. التعميم:Generalization،الاستجابة للمثيرات الشرطية المشابهة للمثيرات الطبيعية وفيه يرتبط المثير الطبيعي بالخصائص المشتركة للتشابه بين عناصر المثير الطبيعي والشرطي.

٨. التمييز:Discrimination، الاستجابة للمثير الشرطي دون غيره من المثيرات التي تعلمها، على وفق ظروف مدبرة شرطية.

٩. الاستجابة الأدائية:Instrumental Response،وهي الاستجابة الموجهة نحو هدف.

١٠. السلوك الخرافي:Superstitious Behavior،أداء لاستجابات معينة من توقع تعزيز، في الوقت الذي لا يوجد أي اقتران سببي في الواقع بينهما.

١١. المثير المنفر:Aversive Stimulus، أي مثير يحكم عليه الكائن بأنه ضار وغير سار.

١٢. التعلم:Learning،تعديل وتغيير في السلوك.

١٣. التغذية الراجعة:Fead back،تزويد المتعلم بنتائج أعماله وأدائه.

الاستعداد المفاهيمي:

إذا علمنا أن الاستعداد هو قدرة كامنة عند الفرد ، تجعله قادراً على القيام بعمل ما، أو أداء مهارة معينة بنجاح، فإنه يمكن أن نقول إن الاستعداد المفاهيمي للفرد"هومجموعةالمفاهيم،أو الخبرات، أو المتطلبات السابقة،التي يمتلكها الفرد قبل

البدء بإكسابه خبرات جديدة" وهو ما سماه"جانيه" مقدرات التعلمCapabilities؛ لذا لا بد من الكشف عن مدى توفر المعارف والمعلومات السابقة الضرورية للتعلم الجديد. وعليه ينبغي على المعلم أن يقوم بما يلي قبل البدء بأي درس جديد:

١. تحديد المفاهيم السابقة.

٢. الكشف عن مدى توفرها لدى المتعلم، عن طريق أسئلة المراجعة والمناقشة التمهيدية.

٣. تحديد النواتج، والأهداف السلوكية التي يراد تحقيقها لدى الطلبة.

٤. الكشف عن الخبرات المعززة التي تظهر في الموقف التعليمي، الذي يسبق الإجراءات التدريسية لدرس جديد.

٥. تعديل، وتغيير،وحذف،وإضافة،وصيانة بعض المفاهيم التي تم تعزيزها،وتم الاحتفاظ بها لدى المتعلم عند مرور خبرات التعلم.

٦. تعزيز المعلومات الصحيحة بإتاحة الفرص أمام الطلبة، لزيادة احتمالية ظهورها وتكرارها، لما لها من ضرورة للتعلم الجديد[١].

التقويم: Evaluation

يعرف التقويم بمفهومه العام بأنه "تحديد قيمة الأشياء، وهو الحكم على مدى نجاح الأعمال والمشروعات". وفي مجال التربية، يعرف بأنه "العملية التي يحكم بها على مدى نجاح العملية التربوية في تحقيق الأهداف المرجوة"[٢].

---

[١] - عن أساسيات تصميم التدريس،ص٢٣٠
[٢] - أساليب تعليم الأطفال القراءة والكتابة ،نايف سليمان ومحمد الحموز،ص٤٧

ويفهم من أن التقويم يهدف إلى تحديد مدى تحقق الأهداف (النواتج التعليمية) التي تم تحديدها، والتخطيط لها مسبقاً، وتتضمن عملية التقويم أيضاً الحكم على السلوك النهائي بدرجات، وتحديد درجة قبول المعلم لدرجة تحققها لدى الطلبة.

ويمكن القول إن عملية التقويم عملية مستمرة من البحث، والاستقصاء، تتناول جميع جوانب العملية التربوية، من إصدار حكم على مدى تحقيق الأهداف التربوية، وما يتبعه من إجراءات عملية تهدف إلى تحسين العملية التربوية، والتأكد من مدى الانسجام والتوافق بين الأداء والأهداف، ويلجأ المعلم إلى أسلوب التقويم الموضوعي، الذي يحدد السلوك النهائي تحديداً دقيقاً، باعتبار أنه سلوك ظاهر، يمكن ملاحظته وقياسه بطريقة موضوعية.

كما يلجأ المعلم إلى التغذية الراجعة المقيدة للمعلم في بناء خطط علاجية، للوصول بالطلبة إلى المستوى المرجو، وبناء خطة للعمل اللاحق.

وقد أجريت دراسات واسعة وكثيرة في الميادين المختلفة، وانعكس أثرها على المجال التربوي، وتحسينه وإثرائه. غير أن علماء التربية، والسلوكيين منهم خاصة، قد أسهموا إسهاماً كبيراً في عملية التقويم وتطوره، وزيادة فاعلية تصميم التدريس في أثناء تطبيقه.

لقد أغنت البحوث والدراسات في مجال العلوم السلوكية، وعلم التعلم، مجال تصميم التدريس، وعملت على تسريع انتقاله من المجال النظري إلى المجال التطبيقي، من خلال البحوث والدراسات المستمرة، ومن خلال تحليل المهمات التعليمية ومتطلباتها وخطواتها ،لكي تطابق متطلبات المهمة استعدادات التلميذ وحاجاته.

وقد ساعدت هذه البحوث في توجيه الاهتمام إلى تحليل السلوك الإنساني، وإلى مكوناته، وصياغة الأهداف التعليمية بطريقة إجرائية، قابلة للملاحظة والقياس، وتحديد معايير القبول، التي تحدد مدى تحقق هذه الأهداف.

كما ساعدت في بناء خطة مناسبة لتعديل السلوك وتوجيهه، يخضع فيها المتعلم لجلسات إعادة التعلم أو تعديله.

وقد أدى تبني الاتجاه السلوكي في تصميم التدريس إلى ظهور فرضية المراحل، وهي تعني أن التصميم التدريسي ينبغي أن يسير وفق مراحل، تتضمن حسن سير التصميم، وفق شروط تعليمية، أو تدريسية، أهمها فهم طبيعة المهام التعليمية التدريسية، وخصائص الخبرات التعليمية والتدريسية، والتسهيلات اللازمة من أجل تحقيق الأهداف والنتائج المرغوبة.

*** فائدة:**

يشير العلماء إلى أن التغذية الراجعة نوعان:

- التغذية الراجعة التصحيحية Corrective Feed back:

وهي التي يتم فيها تصحيح معلومات، أو ممارسات غير صحيحة، تتم عن طريق تسجيل ملاحظات على المصَمَّم التدريسي، ثم القيام بالتصحيح.

- التغذية الراجعة المعززة Reinforcement Feed back:

وهي العبارة المرافقة للدرجة التي تحدد على الأداء أو التعليق الذي يوضع على العمل، مثل قولنا: إن هذا الفعل مميز.إن هذا العمل دقيق. إن عملك فيه جدية ودقة و...... .

الباب السابع
نماذج تصميم التدريس

- نظريات التدريس، نظام التدريس، خصائص نظام التصميم التدريسي.
- نظام هندرسون- لانير
- نظام ديفز
- نظام جبرلاك- إيلي
- نظام كمب
- نظام جروير
- نظام ديك وكاري
- نظام هايمان وشولز
- نظام لوغان
- نظام بناثي
- نظام منحى النظم
- نظام روميزويسكي

الفصل السابع
نماذج تصميم التدريس

نظريات التدريس:

يعد برونر أول من لفت الانتباه إلى خصائص نظرية التدريس، ثم تبعه من بعد ذلك جانييه وديك، وتعد نظريات التدريس ذات طابع تدريسي؛ لأنها تسعى إلى تحقيق أنسب الظروف الإيجابية، التي تنعكس على عملية التدريس.

وقد ألف برونر كتابه:"Toward a Theory of Instruction"، حدد فيه نظرية التدريس، يهدف جعل عملية التدريس أكثر تقدماً من نظريات التعلم، وكان الدافع وراء ذلك تحسين تعلم العلوم لدى الطلبة الأمريكيين، الذين أصيبوا بخيبة الأمل بعد نجاح السوفييت في النزول على سطح القمر قبل الأمريكان.

كما أصدر برونر كتاباً أخر تحت اسم: The Proces of Education، بهدف تحسين التدريس.

وتسعى نظريات التدريس بصورة عامة- إلى وصف خصائص التدريس المدعم للتعلم، وهي تختلف عن نظريات التعلم، التي تصف كيفية حدوث التعلم، دون الاهتمام بظروف بيئة المتعلم.

أما نظريات التدريس فإنها تهتم ببيئة المتعلم، وتحاول ما أمكن إيجاد الظروف المثالية للرقي بعملية التعلم.

وتعد نظرية المنحنى الطبيعي Normal Curve ل(بلوم) خير مثال على نظريات التدريس.

نظرية المنحنى الطبيعي[1] Normal Curve:

تعد هذه النظرية من أحسن ما قدمه بلوم للرقي بعملية تصميم التدريس، وتقوم فكرتها على أن المنحنى الطبيعي لا ينبغي أن يكون نموذجاً لمخرجات التعليم التي يتوقع حصولها، بل يجب أن يظهر فيه أداء الطلبة الذين يتعلمون بشكل جيد، أو متوسط،أو ضعيف، وبمعنى آخر يريد أن يقول لنا بلوم:إن التدريس يجب أن يركز على الأداء، لا على النتيجة، بحيث يدعم المتعلمين، عندما تؤثر استعداداتهم المتعلمة على التعلم .

وقد أكد بلوم في هذه النظرية أن ٩٠% من الطلبة تقريباً لديهم قدرة على فهم، واستيعاب ما يدرس لهم، كما أكد أن دور التدريس هو إيجاد الطرائق والأساليب التي تعينهم على الاستيعاب بشكل جيد.

ولقد واصل بلوم دراساته المتقدمة عبر سنين طويلة، باحثاً عن كيفية تحسين الاستيعاب لدى معظم المتعلمين،فألف كتاباً اسماه (Learning For Mastery)تحدث فيه عن فرضية الاتقان (Mastery Hypothesis) التي أحدثت أثراً كبيراً في أداء الطلبة في المواقف التعليمية.

وقد افترض بلوم أن هناك ثلاثة مؤثرات، تؤدي إلى تحسين الاستيعاب وإتقانه، اثنان من خصائص المتعلم،وهما:

- السلوك المدخلي الذهني.
- والسلوك المدخلي المؤثر.

وأما الثالث فهو خاص بنوعية التدريس.

---

[1]- المنحنى الطبيعي هو المنحنى الذي يظهر توزيع أية ظاهرة بصورة طبيعية متوازنة ، حيث يقع ٦٨% من الأفراد وسط المنحنى، ويتوزع باقي الأفراد سلباً أو إيجاباً على أطراف المنحنى.

فأما السلوك المدخلي الذهني، فيشير إلى امتلاك الطلبة مقدرات ومهارات داخلية، تعينهم على فهم وتمثل ما يقدم إليهم من الخبرات والمعلومات.

وأما فيما يتعلق بالسلوك المؤثر،فيشير إلى الاستعداد العاطفي للطلبة،ومن المعروف أن الطلبة يتباينون فيما تم إعدادهم له عاطفياً، ويبرز ذلك واضحاً من خلال اهتماماتهم وآرائهم.ومع أنه من الصعب تغيير هذه الخصائص المؤثرة، إلا أنه يمكن التغلب على آثارها السلبية المتبعة من خلال التدريس النوعي الذي من شأنه إفراز خبرات تعلم ناجحة،وإيجاد حوافز للمتعلمين،لها آثار إيجابية على التعلم.

وأما فيما يتعلق بخصائص التدريس النوعي، فيؤكد بلوم أهميته في تعميق الفهم لدى المتعلمين، ومن هذه الخصائص:

١- إعطاء التلميحات التي تساعد المتعلم أو المتدرب ، لكي يسير في تعلمه إلى الأمام ، وتدفعه إلى الفهم والاستيعاب.

٢- المشاركة: وهي تشير إلى تنشيط المتعلم، ليكون فعالاً وإيجابياً في التعلم والتخطيط، فيزيد بذلك حماسه.

٣- الدافعية: وتشير إلى معرفة التلميذ للحاجات، أو الهدف الذي يسعى إلى تحقيقه بصورة ذاتية، مما يدفعه إلى التعلم والشغف بعملية التعلم.

٤- التغذية الراجعة: وتشير إلى معرفة المتعلم نتائج أدائه؛ مما يدفعه للسعي للحصول على ما يصحح فهمه، ويحسن أداءه، وهي تأتي عقب المشاركة، أو تفاعل الطلبة. وقد يتطلب هذا تلميحات أكثر، ووقتاً إضافياً أطول.

وهكذا، فالتلميحات تعد وسائل اتصال بالنسبة للمتعلمين كما هي بالنسبة لمتطلبات مهمة التعلم، وكيفية تحقيقها.

أما المشاركة، فتعني أن يمارس الطلبة نشاطات داخلية وخارجية أثناء عملية التعلم.

أما الدافعية، فهي أن يقوم المدرس أو الأصدقاء، أو أي شخص بالغ بدفع الطلبة إلى التعلم. ويرى بلوم أن الدافع ضروري، سواء أكان إيجابياً لإظهار التشجيع، أم سلبياً بالتعنيف إذا كان الأداء ضعيفاً.

أما التغذية الراجعة، والإجراءات التصحيحية، فتأتي بعد عملية المشاركة، أو تفاعل الطلبة.

لقد كان لنظرية بلوم تأثير قوي على ممارسة تصميم التدريس، وعلى فلسفته الأساسية التي تنص على أن الهدف من تصميم التدريس هو تطويره حتى يتعلم الطلبة بشكل جيد للغاية .

وهكذا، فإننا نجد أن النظام التدريسي المتصل بهذه النظرية، يصل بالطلبة إلى مستويات من الفهم والإتقان، يشمل جميع الطلبة، أو معظمهم، من خلال إعادة التقويم اللازم لوصول الطلاب إلى هذا المستوى، من خلال مبادئ وإجراءات متبعة في تصميم التدريس.

* فائدة :

أكدت نظرية الإتقان لبلوم أهمية دور المدرس في عملية إتقان التعلم، والإقلال من الخطأ، وذلك لأنها تحاول أن تحدد المتغيرات المسؤولة عن أكبر قدر من الأخطاء خلال عملية التدريس، وتحدد نسبة الخطأ المسؤول عنه كل متغير،كما تظهر نتيجة إخضاع كل منها (المتغيرات) للضبط أو التعديل.

وبعد، فلقد ساعدت نظريات التدريس ونظريات التعلم، ونظرية النظم، ونظرية الاتصال على :

- تطوير موضوع تصميم التدريس بدرجة فعالة.

- تطوير المواد والأدوات.

- تطوير عملية التربية والتعليم.

- تطوير مواد مستغلة .

وقد ساعدت نظرية الاتصال على توفير الأسس والمبادئ لبناء رسائل سمعية ومرئية تنقل للطلبة. وساعدت نظرية التعلم على تحديد أسباب التعلم وظروفها وطرائقها. وهيأت نظريات التدريس الظروف المناسبة الواجب توافرها،التي تسهم في تحسين التعلم وتسهيله.

وهكذا يمكن القول إن الأسس النظرية لتصميم التدريس تعتمد على منجزات نظرية النظم، ونظرية الاتصال. ونظرية التعلم ونظرية التدريس، كما هو مبين في الشكل التالي:

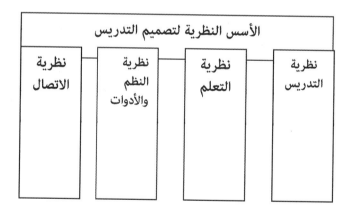

شكل (١٤) أساسيات نظرية تصميم التدريس.

نظام التدريس:Instructional System.

يقصد بنظام التدريس الوسائل التقنية التي تقوم على منهج علمي ومنطقي، في أهدافه وبيئته، وعناصر ضبطه وعلاقاته ومدخلاته ونواتجه، وهو عند لوغان: مجموعة من العوامل المترابطة معاً من الناحية النفسية والتربوية،تتحقق على أثرها مجموعة من الأهداف المتوخاة لدى الطلبة،بعد التفاعل معها وتطبيقها، وترتبط متغيرات أي نظام تدريسي بعلاقات ثنائية، أي علاقة متغير بمتغير آخر،ثم بعلاقات كلية تضم مجموعة من المتغيرات،دون أي استثناء، أي تكون العلاقة بين متغير ومجموعة من المتغيرات،ويترتب على وجود هاتين العلاقتين نجاح نظام التدريس، كما يترتب على غيابهما ،أو غياب أي منهما خلل فيه،أو نقصان في كفاءته.

مكونات نظام التدريس:

يتكون نظام التدريس من خمسة مكونات، هي: المعلم، والطالب، والمنهج، والبيئة الصفية المتعلمة، والنواتج التعلمية (الأهداف)، ويمكن توضيح وضع هذه المتغيرات وعلاقتها الثنائية والكلية من خلال الشكل التالي:

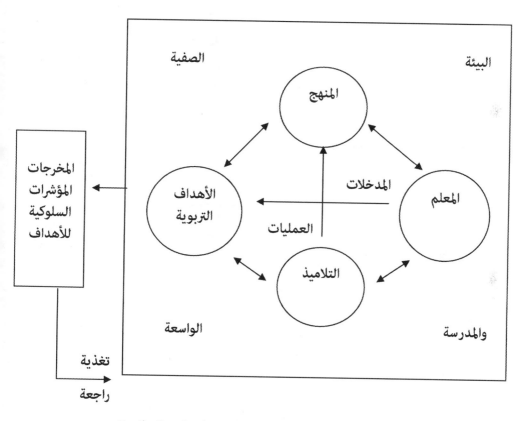

تفاعل عوامل التدريس

شكل (١٥) يوضح العلاقات الثنائية الكلية بين مكونات النظام التدريسي.

بالنظر إلى الشكل السابق، نلاحظ العلاقات الثنائية، كالعلاقة بين المعلم والتلميذ، والمعلم والمنهج و٠٠٠ضمن الظروف البيئيةالصفية،كمايوضح العلاقة

الكلية التي تربط البيئة الصفية والمدرسية بالمتغيرات الأربعة الأخرى، وهي المعلم، والتلميذ، والمنهج، والأهداف التربوية.

خصائص نظام تصميم التدريس:

يتميز نظام تصميم التدريس بالخصائص التالية:

١- تنظيم المتغيرات، وعمليات نواتج التدريس.

٢- ارتباط المتغيرات فيه بعلاقات معينة.

٣- مراجعة نظام تصميم التدريس من وقت لآخر، وإعادة الاختبار والتقويم، بحثاً عن مواطن الخلل أو النقص، ثم إجراء الصيانة اللازمة ،ليصبح فعالاً،وذا كفاية عالية.

٤- يسير النظام فيه وفق خطوات ومراحل محددة بصورة دقيقة.

٥- تحديد النظام التدريسي للظروف السابقة، وببيئات التدريس، ووصفه الدقيق والمفصل للبيئة والمجال الصفي.

٦- يقوم النظام على مراحل إجرائية تقنية، تقوم على تنسيق العوامل والنواتج، ويتم صياغتها بطريقة تعين التربويين والمعلمين على تحقيق الأهداف.

٧- تحدد الأهداف والعمليات للنظام الذي تم اعتماده واختياره.

٨- يشتمل أي نظام تدريسي مدخلات ونواتج تعلم:

أنظمة تصميم التدريس Instructional design systems.

سنتحدث فيما يلي عن عدد من أنظمة التدريس وهي:

١- **نظام هندرسون لاينر:**

ويتضمن ثلاثة عناصر، هي:

- عوامل التدريس.
- معالجة عوامل التدريس.
- نهايات التدريس.

وهي موضحة في الشكل التالي:

عوامل التدريس	معالجة عوامل التدريس	نهايات التدريس
- الطالب - الأقران - المعلم - البيئة المدرسية - الوقت - المواد والوسائل - المنهج	- المعارف النظرية البشرية الجسمية والعاطفية والادراكية والاجتماعية ثم النباتية والحيوانية والموجودات الأخرى بالمعارف العلمية كمعالجة المعلومات ومهارات حل المشكلة.	- أهداف التعلم: - المعرفية. - العاطفية. - الاجتماعية. - الحركية.

شكل (١٦) نظام هندرسون لاينر.

٢- **نظام هايمان وشولز.**

ويتضمن ما يلي:-

- تحديد المعطيات الثقافية للتدريس.
- تحديد المواصفات المتعلقة بالطلبة.

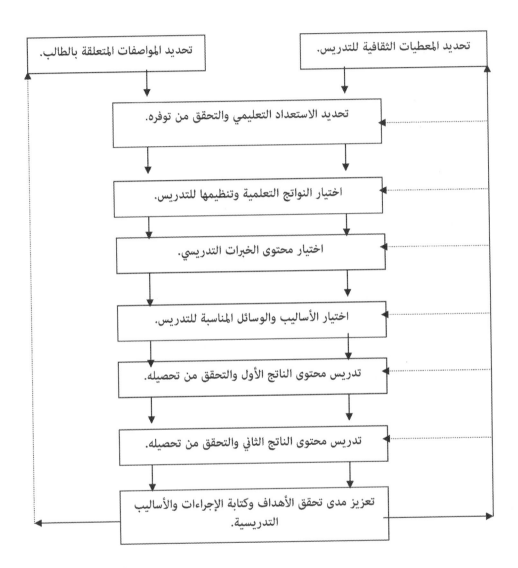

شكل (١٧) نظام هايمان وشولز

٣- <u>نظام ديفز:</u>

ويتكون من ثلاثة مجالات، هي:المدخلات ،والعمليات،والمخرجات.

وقد ركز ديفز على أهمية المخرجات،لأنها تتضمن مراجعة النتائج والأهداف والتحصيل، وهي تتمثل في النموذج التالي:

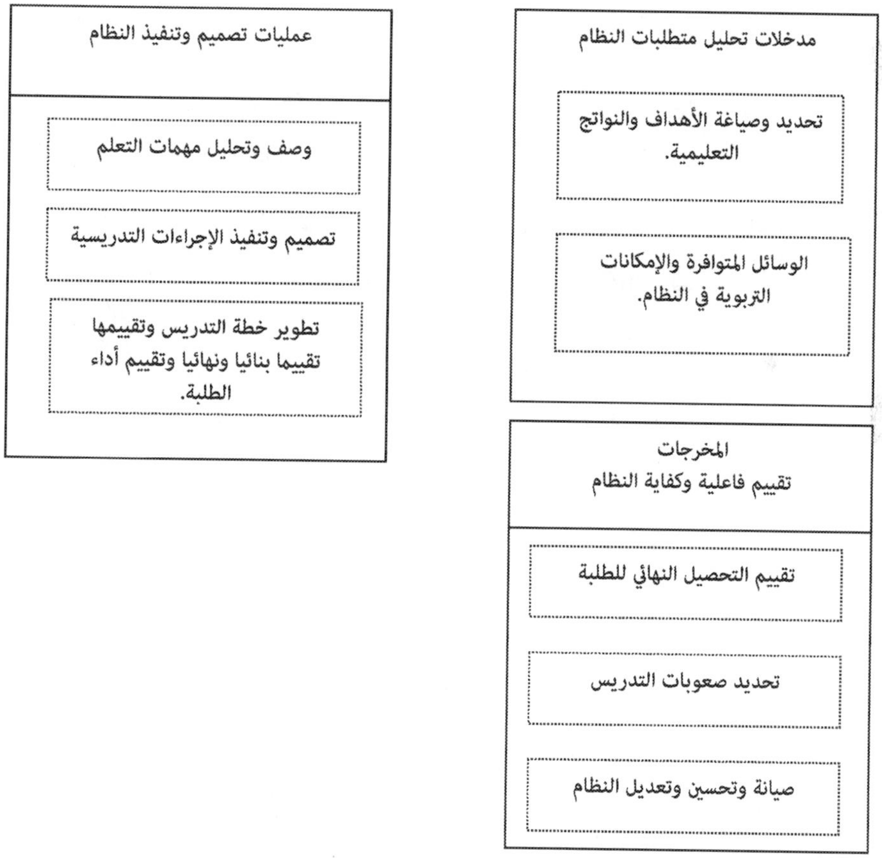

مدخلات تحليل متطلبات النظام
تحديد وصياغة الأهداف والنواتج التعليمية.
الوسائل المتوافرة والإمكانات التربوية في النظام.

عمليات تصميم وتنفيذ النظام
وصف وتحليل مهمات التعلم
تصميم وتنفيذ الإجراءات التدريسية
تطوير خطة التدريس وتقييمها تقييما بنائيا ونهائيا وتقييم أداء الطلبة.

المخرجات تقييم فاعلية وكفاية النظام
تقييم التحصيل النهائي للطلبة
تحديد صعوبات التدريس
صيانة وتحسين وتعديل النظام

شكل (١٨) نظام ديفز للتصميم التدريسي.

٤- **نظام لوغان للتصميم التدريسي:**

يتكون نظام لوغان من خمس مراحل متتابعة التسلسل، هي:

١- مرحلة تحليل التدريس.

٢- مرحلة تصميم التدريس.

٣- مرحلة تطوير التدريس.

٤- مرحلة تنفيذ التدريس.

٥- مرحلة تقويم التدريس.

ويمكن اعتبار المراحل الثلاث الأولى بمثابة المدخلات، والمرحلة الرابعة بمثابة العمليات، والمرحلة الخامسة بمثابة المخرجات التدريسية.

ويمكن توضيحها في الشكل التالي:

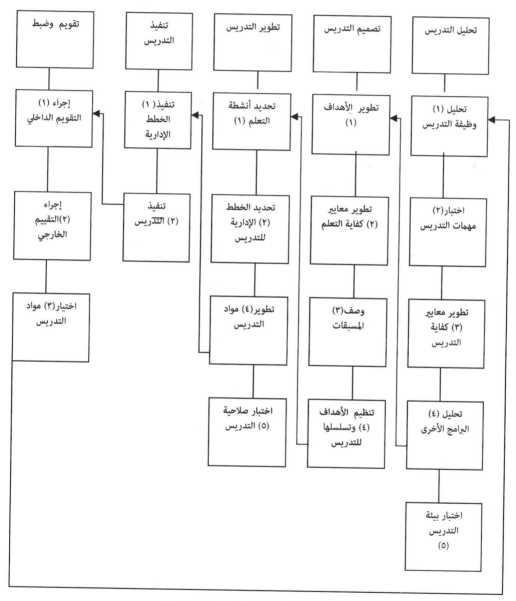

الشكل (١٩) نظام لوغان للتصميم التدريسي

٥- **نظام جيرلاك - إيلي:** (نظام المنحى النظامي لتصميم التدريس).

ويركز هذا النموذج على عملية التعليم، وعلى استخدام الوسائل التعلمية، ويتألف من الخطوات التالية:

١- تحديد المحتوى وتحديد الأهداف.

٢- تقويم السلوك المدخلي للمتعلمين،ودراسة خصائصهم وخلفياتهم،وقدراتهم.

٣- تحديد الموقف التعليمي،وتوضيح الاستراتيجيات التعليمية،وترتيب الطلاب داخل غرفة الصف،وتحديد المكان والوقت والمصادر المناسبة.

٤- تقويم الأداء - أداء التلاميذ وإنجازاتهم واتجاهاتهم نحو المحتوى والتدريس.

٥- التغذية الراجعة: وتتوجه نحو فاعلية التعليم، وإعادة النظر في الأهداف والاستراتيجيات، واتخاذ القرارات المناسبة حيال ذلك.

ويمكن توضيح ذلك في الشكل التالي:

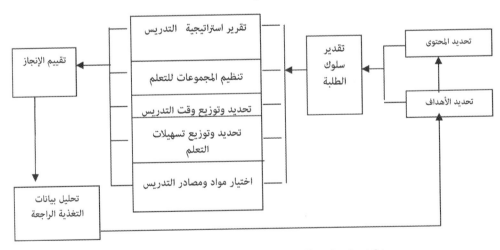

شكل (٢٠) نظام جيرلاك - إيلي لتصميم التدريس

٦- نظام بنائي لتصميم التدريس:

ويتضمن أربعة مجالات،هي:

١- مدخلات التدريس.

٢- تحولات التدريس.

٣- مخرجات التدريس.

٤- التغذية الراجعة.

ويمكن توضيحها في الشكل التالي:

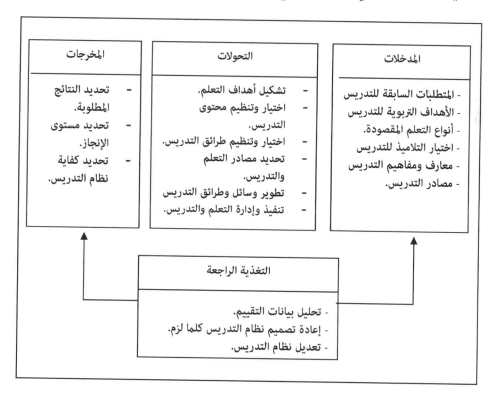

المخرجات	التحولات	المدخلات
- تحديد النتائج المطلوبة. - تحديد مستوى الإنجاز. - تحديد كفاية نظام التدريس.	- تشكيل أهداف التعلم. - اختيار وتنظيم محتوى التدريس. - اختيار وتنظيم طرائق التدريس. - تحديد مصادر التعلم والتدريس. - تطوير وسائل وطرائق التدريس. - تنفيذ وإدارة التعلم والتدريس.	- المتطلبات السابقة للتدريس - الأهداف التربوية للتدريس - أنواع التعلم المقصودة. - اختيار التلاميذ للتدريس - معارف ومفاهيم التدريس - مصادر التدريس.

التغذية الراجعة

- تحليل بيانات التقييم.
- إعادة تصميم نظام التدريس كلما لزم.
- تعديل نظام التدريس.

شكل (٢١) نظام بنائي التدريسي.

٧- نظام كمب لتصميم التدريس:

وقد ركّز كمب في نموذجه على التتابع والتسلسل المنطقي، دون أن يكون هناك ترتيب ثابت،مما يعطيه مرونة لحذف بعض العناصر أو تعديلها، وقد ركّز فيه على عشرة عناصر، تتوسطها حاجات المتعلم والأهداف العامة، والأولويات والمعوقات، كما اهتم بالتغذية الراجعة.

ويتصف هذا النموذج بالشمولية، التي تأخذ بعين الاعتبار كل العناصر الداخلة في عملية التدريس .

وهو يصلح لكل المستويات التعليمية والتدريسية، ويمكن استخدامه في حصة صفية أو وحدة دراسية ، أو مساق كامل.

وتتألف خطة كمب من العناصر التالية:

١- تحديد احتياجات المتعلم والأهداف، والأولويات، والمعوقات.

٢- اختيار المواضيع ومهام العمل والأغراض العامة.

٣- تحديد خصائص المتعلمين.

٤- تحديد محتوى الموضوع، وتحليل المهام المتعلقة بالأهداف.

٥- صياغة الأهداف التعليمية.

٦- تصميم النشاطات التدريسية.

٧- تحديد مصادر التعلم.

٨- تحديد المصادر المساندة.

٩- إعداد أدوات التقويم.

١٠- تحديد الاختبارات القبلية لمعرفة استعداد المتعلمين.

١١- أشار كمب إلى أهمية التقويم القبلي، والتكويني، والختامي، والتغذية الراجعة، ويمكن توضيح ذلك في الشكل التالي:

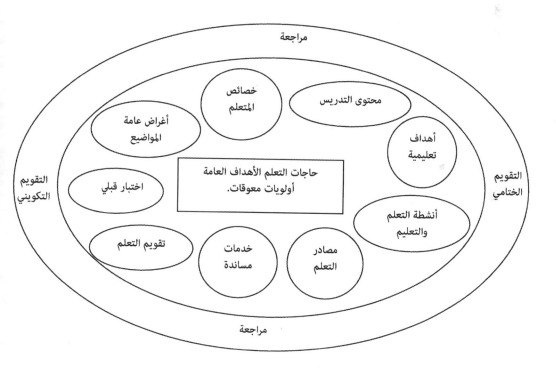

شكل (٢٢) عناصر خطة التصميم عند كمب

٨- منحنى النظم لتصميم التدريس:

يعدّ هذا النموذج نموذجاً تعليمياً تدريبياً للطلبة المعلمين، الذين يرغبون في اكتساب المعارف والمهارات التي تعينهم على ممارسة التعليم والتدريب في المستقبل، كالطلبة المعلمين في المراكز المهنية، والتدريب الصناعي والعسكري والعلوم الصحية، والتدريب المهني، والطب والقانون، فهذا النموذج عملي، يركز على تحديد المهارات التي يحتاج الطلاب لتعلمها، وتكمن أهميته في أنه يربط المفاهيم النظرية بالتطبيقات العملية.

وهو يتألف من تسع خطوات، تتحدث عن الإجراءات التي سيستخدمها الفرد عند استخدامه المنهج النظامي في تصميم المواد التعليمية، ويمكن توضيحه من خلال الشكل التالي:

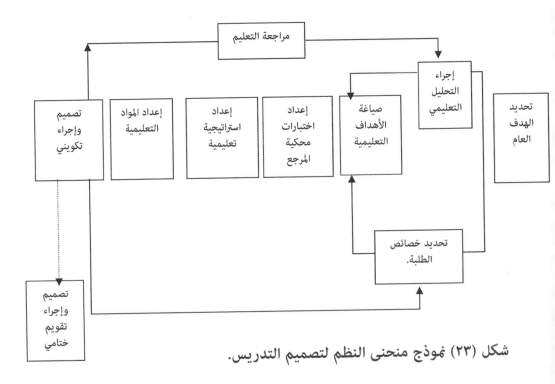

شكل (٢٣) نموذج منحنى النظم لتصميم التدريس.

٩- نظام جروبر لتصميم التدريس:

يركز جروبر في نموذجه على التوجه السلوكي، مستفيداً من بعض المفاهيم التي طرحها سكنر في أنموذجه التعليمي من تنمية المهارات، وقد فصل جروبر ما سماه "أدوات المعالجة" في تصميم أداء المهام، التي حددها بالعناصر التالية:

- درجة استخدام التلميحات.

- حجم وحدة السلوك الممارس.

- نوع المهام والمحتوى المتضمن في المهمة.

- مدى تكرار ممارسة المهمة.

وقد أشار جروبر إلى كيفية استخدام أدوات المعالجة في المراحل المختلفة، في التتابع والشرح.

١٠- نظام روميزويسكي لتصميم التدريس:

وقد ركز روميزويسكي في نموذجه على الأسس السلوكية، في تحليل موضوع التعلم، والمهمة التعليمية، وتحليل المعارف والمهارة، وتحليل مشكلات التعلم السلوكية؛ لذلك فهو يقترح أن نجيب عن الأسئلة التالية، عند القيام بتحديد المحتوى، وتحليل المهام والمعارف والمهارات:

١- متى توضع الوحدات الدراسية، والدروس، والمواقف التدريسية، ليتم تنفيذها بصورة محددة؟

٢- كيف يتم تحديد واختيار الاستراتيجيات، من طرق وأساليب، ووسائل وأنشطة؟

٣- ما الفئة المستهدفة، وكيفية تنظيمها؟

٤- ما هي المواد والوسائل المستخدمة؟

٥- كيف تسير الاختبارات، وعمليات الضبط، وآلياتها؟

٦- ما الأحكام المستخلصة،التي تم التوصل إليها من اختبارات الطلاب ونتائجها؟

وقد ذكر روميزويسكي ثماني عمليات لتحديد الوسيط التعليمي في تصميمه، وعرضها على شكل دائرة، كما هو مبين في الشكل التالي:

شكل رقم (٢٤) مخطط التدريس لرومزويسكي

١١- نظام ديك وكاري

ويتضمن العمليات والإجراءات التالية:

١- تحديد الأهداف التعلمية.

٢- تحليل المحتوى التعليمي.

٣- تحليل السلوك المدخلي.

٤- تحديد وصياغة الأهداف السلوكية.

٥- بناء أسئلة اختبار محكي المرجع

٦- تطوير استراتيجيات التدريس.

٧- بناء وتطوير واختيار المواد التدريسية وتنفيذه.

٨- تصميم وتطبيق الاختبار البنائي المرحلي.

٩- تصميم وتطبيق الاختبار النهائي.[١]

[١] - لمزيد من التوسع يرجع إلى كتابي د. يوسف قطامي: تصميم التدريس، وأساسيات تصميم التدريس.

الباب الثامن
التقويم في تصميم التدريس

- موقعه، العلاقة بين القياس والاختبار.
- نوع الفقرات، الاختبار بدلالة معايير، صدق الاختبار وثباته.
- أسس التقويم التربوي.

الباب الثامن

التقويم

يهتم مصمم التدريس اهتماماً كبيراً بعملية التقويم، ويعدها جزءاً مهماً من عمله. وهي عملية ختامية، تأتي في نهاية الخطة، مع أنه يتم التخطيط لها في بداية إعداد الخطة،حيث تحدد الأهداف، والمحتوى، والأساليب والأدوات مسبقاً، كما هو مبين في الشكل التالي:

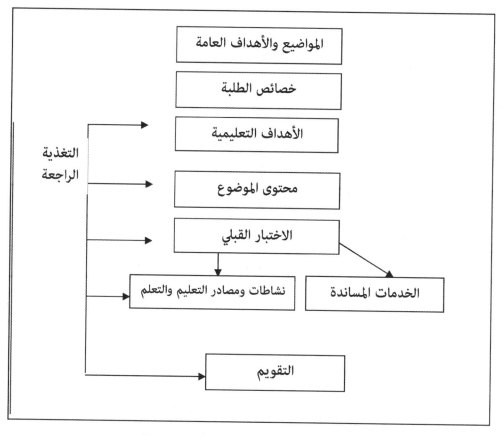

شكل (٢٥) موقع عملية التقويم في تصميم التدريس

التقويم والقياس، والاختبار، والعلاقة بينها:

سنبدأ قبل كل شيء بتعريف هذه المصطلحات ، ثم تنطلق بعد ذلك إلى معرفة العلاقة بينها:

١- التقويم[١] **:** وللتقويم دلالتان

الأولى: التقويم بمعنى التصحيح والتعديل، نقول:قوّم الحداد المعوجَّ: عدله وصححه. وقوّمت أخطاء الطلاب:صححتها.

الثانية: التقويم بمعنى التقدير والتثمين، نقول: قوّم التاجر البضاعة: إذا قدر ثمنها، وأعطاها قيمة معنوية.

وقد اجتهد كثير من العلماء في تعريف التقويم، فوضعوا له تعريفات كثيرة، تتفاوت في دقتها وشموليتها، ومن أحسن التعريفات تعريف بلوم Bloom وصحبه، الذي يقول فيه: "التقويم إصدار حكم لغرض ما على قيمة الأفكار، والأعمال، والحلول، والطرق، والمواد،...الخ، وأنه يتضمن استخدام المحكاتCriteria ، والمستويات Standards ، والمعاييرNorms ، لتقدير مدى كفاية الأشياء، ودقتها وفعاليتها، ويكون التقويم كمياً وكيفياً" [٢] .

التقويم بالمفهوم التربوي:

وقد عرّفه د. حلمي أحمد الوكيل بقوله:"إنه العملية التي ترمي إلى معرفة مدى النجاح، أو الفشل في تحقيق الأهداف العامة، التي يتضمنها المنهج، وكذلك نقاط القوة والضعف، حتى يمكن تحقيق الأهداف المنشودة، بأحسن صورة ممكنة"[٣].

[١] - يطلق بعض التربويين لفظة (تقييم) على هذا المعنى، وهو ليس ضروريا، لأنه يخالف مقاييس اللغة، والصواب (تقويم) كما أشرنا.

[٢]- Benjamin S. Bloom (ed) Taxonomy of Education Objectives (New York) ١٩٦٧, Page١٠٥.

[٣]- د. حلمي أحمد الوكيل، أسس بناء المناهج وتنظيمها، ص ١٨٦ .

٢-القياس: وقد عرفه عدد كبير من العلماء أيضاً، وقد اخترنا تعريف قاموس الوبسترWebster، الذي يقول:"إن القياس هو التحقق بالتجربة،أو الاختبار من المدى،أو الدرجة،أو الكمية،أو الأبعاد،أو السعة بوساطة معيار معين."

وأنت تلاحظ أن التعريف يركز على التعبير عن النتيجة بأرقام،أي أن القياس عملية كمية، وأن نتائجه يعبر عنها بأرقام.

وقد عرفه د. سبع أبو لبدة في كتابه: "مبادئ القياس النفسي والتقييم التربوي" بقوله:"القياس هو العملية التي تحدد بوساطتها كمية ما يوجد في الشيء من الخاصية، أو السمة التي نقيسها"[١].

ويفهم من التعريفيين السابقين، أن القياس عملية تقوم على جمع المعلومات، من أجل تقدير الأشياء تقديراً كمياً، واستخدام معايير معينة في هذا التقدير، وذلك كاستخدام الغرام للأوزان، والسنتيمتر للأبعاد، وغيرها....

٣- الاختبار: ويعرف الاختبار بصورة عامة، بأنه:"خطة منظمة تسير وفق منهج محدد، تهدف إلى جمع المعلومات عن السلوك الذي ننوي قياسه، بهدف الوصول إلى مقارنة الفرد مع غيره، أو مقارنة الفرد مع نفسه، في ضوء سلم معين، أو مقاييس محددة".[٢]

كما يعرف الاختبار في مجال التحصيل، بأنه :"وسيلة منظمة تهدف إلى قياس مقدار تحصيل الطالب، في حقل من حقول المعرفة، وتحديد مركزه فيها،

---

[١]- د. سبع أبو لبدة، مبادئ القياس النفسي والتقييم التربوي، ص ١٤ .
[٢]- نايف سليمان، ومحمد الحموز، أساليب تعليم القراءة والكتابة، ص ٥٣ .

يهدف علاج نواحي ضعفه، أو تأخره، وتوفير الظروف الملائمة لنموه في المواد التي يظهر تميزه فيها".[1]

ويفهم من هذا التعريف أن الاختبار أداة قياس ، أو وسيلة قياس، أي أنها جزء من القياس.

يتبين من التعريفات السابقة للتقويم والقياس والاختبار ،أن الاختبار جزء من القياس، وأن القياس جزء من التقويم.ويمكن تمثيلها بالشكل التالي:

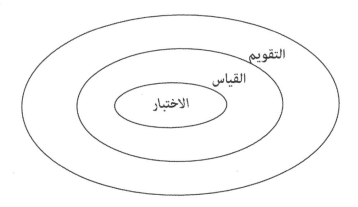

شكل رقم (٢٦) وهو يبين علاقة الاختبار بالقياس، والقياس بالتقويم

يتبين من الشكل أن التقويم أعم من القياس، والقياس أعم من الاختبار.

---

[1] - نايف سليمان وعادل جابر، المشرف الفني في أساليب تدريس اللغة العربية، ص ١١٧.

الفرق بين القياس والتقويم والاختبار في تصميم التدريس:

لا بد من المقارنة بين القياس والتقويم، لمعرفة العلاقة والفرق بينهما. يعتقد بعض الناس أن مصطلح القياس والتقويم مترادفان، وأنه يمكن استخدام أحدهما مكان الآخر، وهذا الاعتقاد غير صحيح، نظراً لأن التقويم أعم وأشمل من القياس، كما أوضحنا سابقاً، ولمزيد من المعرفة نورد المقارنة التالية:

١- القياس يهتم بوصف السلوك، أما التقويم فيحكم على قيمته، ومعنى هذا أن القياس يهتم بالوسائل، أما التقويم فيهتم بالمعايير، ومدى صلاحيتها، ووسائل تطبيقها، وتقرير أمرها.

٢- القياس يقتصر على التقدير(الوصف) الكمي للسلوك، مما يجعله يعتمد على الأرقام في إعطاء النتيجة النهائية للموضوع المقيس، أما التقويم فيشمل التقدير الكمي والنوعي(الكيفي) للسلوك، كما يشمل حكماً يتعلق بنتيجة هذا السلوك، وعليه فالتقويم أكثر شمولاً من القياس، والقياس يمثل إحدى الأدوات، أو الوسائل المستخدمة فيه.

٣- القياس يكون محدداً ببعض المعلومات عن الموضوع المقيس، أما التقويم فيعد عملية تشخيصية علاجية في آن واحد.

٤- القياس يعتمد على الدقة الرقمية فقط، أما التقويم فيعتمد على عدد من المبادئ والأسس، ومن أبرز هذه المبادئ والأسس: الشمول، والتشخيص والعلاج، ومراعاة الفروق الفردية والتنوع في الوسائل المستخدمة.

٥- القياس يقتصر على تقديم وصف للموضوع المراد قياسه دون أن يهتم بالربط بين جوانبه، أما التقويم فيقوم على مقارنة الشخص مع نفسه ومع الآخرين.

٦- القياس أكثر موضوعية من التقويم، لكنه أقل منه قيمة من الناحية التربوية، نظراً لأن معرفة النتائج بدقة موضوعية من غير تقدير لقيمتها لا يعني شيئاً، أما إذا فسرت تلك النتائج، وقدرت قيمتها في ضوء معايير محددة،واتخذت نتائج هذا التقويم أساساً لمساعدة التلاميذ على النمو، فإنها تصبح ذات فائدة كبيرة،وهذا ما تضطلع به عملية التقويم[١].

أغراض القياس:

١. المسح: ويقصد به القيام بحصر جميع المعلومات، والإمكانيات المتعلقة بالموضوع، وخاصة في المجال التربوي، فإن هناك كثيراً من الوسائل التي تحتاج إلى مسح من أجل تحقيق الأهداف التربوية. ويعد المسح بمثابة تخطيط مسبق للموضوع المراد قياسه، وتقويمه بهدف توفير كافة الظروف الملائمة لنجاح العملية التعليمية التعلمية.

٢. التشخيص والعلاج: ويهدفان إلى تشخيص ما لدى الطلبة من خبرات، ثم استيعابها لتحديد نواحي القوة والضعف من أجل إجراء عمليات صيانة وتحسين.

٣. التنبؤ: ويهدف إلى معرفة ما سيكون عليه الفرد في مرحلة لاحقة في ضوء ما يتوافر عنه من معلومات سابقة.

٤. التصنيف والتصفية: ويهدف إلى وضع الإنسان المناسب في المكان المناسب، ومن أبرز وسائل هذه العملية المقابلة والملاحظة، والاختبارات؛ فعن طريق الاختبارات يمكن تقرير إمكانية ترفيع طالب إلى صف أعلى،أو وضعه في مرحلة أعلى.

[١]- د. نادر الزيود وهشام عليان، مبادئ القياس والتقويم في التربية، ص ١٦ .

٥. التوجيه والإرشاد: إذ على ضوء النتائج يمكننا أن نكتشف مشكلات نفسية أو اجتماعية، أو دراسية، أو مهنية، مما يستدعي تحويل التلاميذ إلى مرشدين مختصين لمساعدتهم على التغلب على مشكلاتهم.

٦. صنع القرار (اتخاذ القرار): إذ إنه – وبناء على تعرف محصلة كل من المسح، والتشخيص والعلاج، والتنبؤ، والتصنيف والتصفية، يمكن اتخاذ القرارات المناسبة، وإصدار الأحكام التي تتناسب مع المواضع المختلفة.

وتستند عملية القياس على افتراض مفاده: أن كل شيء يوجد بمقدار، وبما أنه يوجد بمقدار، فإنه يمكن قياسه.

ويمكن تطبيق هذا على فرضية التحصيل،وعليه يمكن القول إن أي تحصيل تعلمي يمكن أن يتحقق لدى الطلبة بمستوى غير ثابت،فهو متغير له نقطة عددية دنيا،ونقطة عددية عليا. وبما أنه يتحقق بمستوى،فإنه يمكن قياسه بإحدى الأدوات الكمية.

خصائص القياس التربوي:

يتصف القياس التربوي بالخصائص التالية:

١- أنه كمي، (يوصف بكميات، وأعداد وأرقام).

٢- أنه قياس غير مباشر، فنحن لا نقيس الذكاء نفسه، ولكننا نقيس مظاهره، وكذلك لا نقيس التعلم بل مظاهره، بمعنى أننا نستدل على الذكاء أو التعلم من أداء التلاميذ.

٣- أنه يوجد في كل قياس نفسي، أو تربوي خطأ ما، وهذا يعني أن علينا أن نكشف عن هذا الخطأ بالطرق الإحصائية، ثم نزيله قبل استعمال النتائج أو تفسيرها، ومثال على ذلك: خطأ الملاحظة، وخطأ الأداة المستخدمة في القياس، وعدم ثبات الصفة المقيسة، وهذا الخطأ يسمى خطأ القياس.

٤- يعد القياس النفسي والتربوي نسبياً، أي غير مطلق، والصفر منه صفراً اعتبارياً، غير مطلق ؛ لأنه لا يوجد فيهما وحدات قياسية ثابتة كالسنتمتر في القياس، أو الصفر في الأعداد، أو الغرام في الأوزان، وعليه فإنه لا معنى للعلامة التي يحصل عليها الطالب إلا إذا تمت مقارنتها بمعيار معين، أو مستويات مشتقة من أداء المتعلمين، فإذا حصل طفل على العلامة(٦٠) في اختبار العلوم؛ فإن العلامة لا معنى لها، ولا تعني أي شيء. أما إذا علمنا أن متوسط الطلاب في هذا الاختبار هو (٥٢) فإن هذا يكسبها معنى آخر، وهذا المعنى لم يحصل عليه إلا بمقارنة علامة الطالب بعلامة العينة التي ينتمي إليها .

٥- يعد الصفر في القياس التربوي صفراً اعتبارياً، أي غير حقيقي، بمعنى أن الطفل إذا حصل على علامة صفر في اختبار ما ، فإن هذا لا يعني أن الطفل لا يفهم شيئاً في المادة التي اختبر فيها، ولكنه في الحقيقة لا يفهم شيئاً بالنسبة لهذه العينة من الأسئلة، إذ إنه لو تغيرت هذه الأسئلة فقد يحصل الطالب على علامة مختلفة عن العلامة السابقة.

التقويم:

أما عملية التقويم فهي عملية إصدار حكم ، أو هي عملية تشخيصية علاجية مستمرة، تبدأ من بداية العمل ، ولا تنتهي بنهايته.

خطوات عملية التقويم:

إن التقويم ليس نشاطاً بسيطاً، ولكنه عملية معقدة، تحتوي على الكثير من الأنشطة، وهي تسير في عدة خطوات،هي:

1. تحديد الأهداف، وينبغي أن يتسم بالدقة، والشمول والتوازن والوضوح، وأن تكون مترجمة ترجمة سلوكية.
2. تحديد المجالات التي يراد تقويمها، والمشكلات التي يراد حلها.
3. الاستعداد للتقويم، ويتضمن إعداد الوسائل والاختبارات، والمقاييس، والقوى البشرية المدربة اللازمة للتقويم.
4. التنفيذ، ويتطلب الاتصال بالجهات المختصة، وتفهماً من الجهات التي سوف يتناولها التقويم، ليتعاونوا مع القائمين على التقويم.
5. تحليل البيانات والنتائج.
6. التعديل وفق نتائج التقويم.
7. تجريب الحلول والمقترحات التي سيقوم على أساسها تحسين أساليب التقويم[1].

ويوضح الشكل (٢٧) دور وأهمية عملية التقويم في عملية التعلم

---

[1]- أساليب تعليم القراءة والكتابة، نايف سليمان ومحمد الحموز، ص ٥٠ .

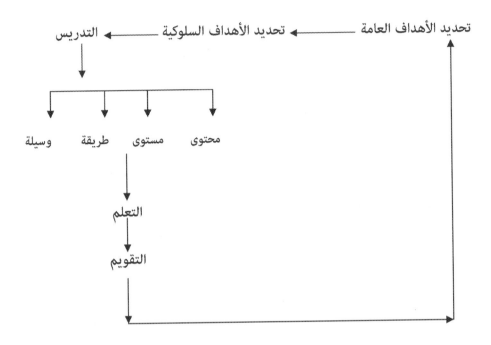

شكل (٢٧) وهو يوضح دور التقويم في العلاقة الدائرية بين مقومات العملية التربوية

خصائص التقويم التربوي الجيد:

من خصائص التقويم التربوي الجيد ما يلي:

١. اتساق التقويم مع أهداف المنهج.

٢. الشمولية، فينبغي أن يكون التقويم شاملاً لكل عناصر العملية التعليمية التعلمية، فهو يشمل:

- جميع مستويات الأهداف المعرفية والوجدانية والنفسحركية.

- جميع نواحي النمو الجسمية والعقلية والنفسية والاجتماعية والوجدانية.

- جميع مكونات المنهج المقرر:الكتب والطرق والأساليب والوسائل والنشاطات.

- جميع ما يؤثر في العملية التعليمية التعلمية ،كالأهداف والخطط والمناهج والتلاميذ والمعلمين والإداريين والمباني والمرافق والوسائل والمعدات،والظروف العائلية والاجتماعية والثقافية.

٣- الاستمرارية:حيث يلازم التقويم العملية التعلمية التعليمية من بدايتها حتى نهايتها،أو من بداية الحصة وحتى نهايتها.

٤- الديمقراطية: أي تقوم على أساس احترام شخصية التلميذ،واحترام آراء التلميذ ورغباته وميوله،كما يراعي الفروق الفردية للتلاميذ.

٥- المنهجية: أي أن التقويم عملية قائمة على أسس علمية موضوعية، وبعيداً عن الارتجالية والعشوائية والذاتية ،حتى تكون الأحكام الصادرة صادقة.

٦- التمييز: ويكون التقويم مميزاً، إذا كان قادراً على التمييز بين المستويات، ويساعد على إظهار الفروق الفردية،ويضع كل تلميذ في مكانه المناسب.

٧- الاقتصادية: فينبغي أن يساعد التقويم على الاقتصاد والتوفير في النفقات والجهد والوقت.

٨- التنويع في الأساليب والوسائل المستخدمة؛ لأنه يشمل جميع جوانب الخبرة، ومستوياتها، وجميع جوانب النمو وأهدافه المتنوعة.

٩- التشخيص والعلاج: أي أن يكون قادراً على وصف نواحي القوة، ونواحي الضعف في عمليات الأداء وفي نتائج هذا الأداء، والاستفادة من نواحي القوة، وعلاج نواحي الضعف.

١٠- تحسين العملية التربوية: أي أن يكون وظيفياً، يستفاد منه في تحسين العملية التعليمية، وفي إحداث تغيرات إيجابية في جميع عناصرها.

الاختبار:TEST:

ويعد الاختبار أداة القياس، ووسيلة من وسائله، وهو من حيث المعنى المفاهيمي يمثل:

- إجراءً منظماً لقياس عينة من السلوك التعليمي.

- إجراءً منظماً لقياس المتغيرات التي حدثت لدى الطلبة، بعد مرورهم في خبرات تعليمية محددة.

- طريقة منظمة لتحديد مستوى تحصيل الطالب لمعلومات ومهارات في مادة دراسية،كان قد تعلمها من خلال إجاباته عن عينة من الأسئلة التي تمثل محتوى المادة الدراسية.

أسس الاختبار التحصيلي:

يمكن تحديد أسس الاختبار التحصيلي بما يلي:

١. أن يشتمل الاختبار على عينة ممثلة من الأسئلة، تقيس الأهداف والمحتوى، حسب الأهمية والوزن.

٢. أن يصمم الاختبار لقياس النتاجات التعليمية المشتقة من أهداف المقرر.

٣. أن يحدد نوع فقرات الاختبار حسب المحتوى والأهداف.

٤. أن تستثمر نتائج الاختبار في مراقبة تعلم الطلبة وتحسينه وتطويره.

٥. أن تتوافر في الاختبار خصائص الاختبار الجيد،حتى يكون اختباراً أكثر ملاءمة.

٦.   أن تزود نتائج الاختبار بتغذية راجعة تصحيحية وتعزيزية.

٧.   أن تفسر نتائج الاختبار بحذر ودقة، بعيداً عن التسرع والسطحية.

العينة المعيارية:

قلنا فيما سبق، إن الطالب عندما يحصل على علامة(٦٠) مثلاً، فإن هذه العلامة لا تكون ذات دلالة، ولا يمكن فهمها، أو الاستفادة منها، إلا إذا تم تفسيرها بدليل علمي؛ لذلك نلجأ إلى مقارنة هذه العلامة بمتوسط مجموع العلامات الصفية للمجموعة التي ينتمي إليها الطالب، فإذا قلنا إن متوسط علامات المجموعة(٥٢) أدركنا أن علامة (٦٠) التي حصل عليها الطالب علامة جيدة، وأن مركز الطالب في الصف مركز متقدم، وإذا عرفنا أن متوسط علامات المجموعة(٨٠) أدركنا أن علامة الطالب ضعيفة، وأن مركزه في الصف مركز متأخر، أي أننا استطعنا أن نفسر علامة الطالب قياساً إلى علامات المجموعة الصفية.

وقد اقترح (سلافيا ويسديك) أن يستعان في تفسير علامات الطلبة الموهوبين بعينة مختارة تتفق مع الطلاب المفحوصين بنفس الخصائص والخبرات، وحتى بنفس المعوقات إن وجدت. وتسمى هذه العينة بالعينة المعيارية، ويتم اختيارها بطريقة عشوائية، وغير متحيزة، وتكون هذه العينة أفضل كلما كان عددها أكثر.

وعندما يتم الحصول على العينة المعيارية التي تكون أساساً لقياس الفرد بالمجموعة، يمكن تطوير جداول عامة معيارية لنتائج الاختبارات، وتسمى هذه الجداول "الجداول المعيارية".

صفات الاختبار الجيد:

يتصف الاختبار الجيد بالصفات الأساسية التالية: الصدق والثبات والموضوعية.

١. الصدق: وهو أن يقيس الاختبار ما وضع لقياسه، فإن وضع اختبار لقياس القدرة الحسابية لأطفال الصف الرابع الابتدائي، فيجب أن يقيس مقدرتهم الحسابية فقط،كل المقدرة الحسابية دون أن يترك شيئاً منها،لذلك يجب أن لا يقيس شيئاً آخر غيرها،كحسن الخط أو صحة الإملاء،أو التدريب والنظافة،أو السرعة في حل المشاكل الحسابية.

٢. الثبات:ويعني أن يحصل المفحوص على النتائج نفسها-تقريباً-إذا أعيد تطبيق الاختبار عليه.

٣. الموضوعية: وهي عكس الذاتية، وتعني عدم تأثر الاختبار، بالرأي الشخصي للمصحح.

ثبات الاختبار وخطأ القياس:

قلنا إن ثبات الاختبار يعني أن يحصل المفحوص على النتائج نفسها تقريباً إذا أعيد تطبيق الاختبار عليه عدة مرات.

ومن المفروض أن تكون العلامات التي يحصل عليها متطابقة تمام التطابق، ولكن الواقع أن العلامات التي يحصل عليها تكون مختلفة بنسب تتفاوت بحسب الظروف التي تقع على المفحوص، فإذا أعدنا تطبيق الاختبار عشر مرات،فإننا سنحصل على عشر علامات مختلفة، فأي هذه العلامات هي العلامة الحقيقية،التي تعبر تعبيراً حقيقياً عن قدرته الحقيقية،نحن لا نعرف، لقد تأثرت كل علامة بظرف خاص قد أصاب التلميذ حين تأدية الاختبار،كأن يكون قد اصابه مغص في تلك اللحظة،أو تأثر بمعاملة سيئة من المدرس،أو أنه لم يكن قد استعد للاختبار،وهكذا.

إن هذه العلامات التي حصل عليها تسمى علامات ظاهرية،وكل منها تأثرت بخطأ من القياس الذي حصل نتيجة الظرف الذي أحاط بالمفحوص،وكل علامة

ظاهرية تتألف في الواقع من علامتين هما:العلامة الحقيقية+العلامة التي حصل عليها بطريق الخطأ ، ويمكن تمثيل ذلك بالمعادلة التالية:

العلامة الظاهرية = العلامة الحقيقية + العلامة الخطأ

أي أن كل علامة من العلامات العشر،التي حصل عليها،فيها نسبة من خطأ القياس،وخطأ القياس يعود إلى عوامل متعددة نجمت عن الظروف التي تحيط بالمفحوص عند تأدية الامتحان كما تحدثنا من قبل.ويمكن تلافي خطأ القياس هذا،واستخراج العلامة الحقيقية للطالب بمعادلات رياضية،يمكن الرجوع إليها في كتب القياس والتقويم [1] ، وكتب الإحصاء الوصفي.

لكن ما أهمية معرفة العلامة الحقيقية بالنسبة للطالب؟

إن السبب في الواقع يعود إلى أننا نريد أن نتعرف مدى العلاقة في إظهار موقف الفرد بالنسبة للسمة التي ندرسها.

ولما كانت الاختبارات النفسية والتربوية،تسمح كلها بنسبة معينة من خطأ القياس، فلا بد أن يكون هذا الخطأ معقولاً ومقبولاً، بمعنى أن هذه الاختبارات يجب أن تكون دقيقة إلى حد معقول.

ويساهم الخطأ الناجم عن مجال العينة بشكل كبير في درجة الخطأ في علامة الاختبار، ولكن لحسن الحظ فإنه أسهلها تقديراً، ويسمى بمعامل الثبات، ومن أهم معاملات الثبات المستخدمة في معرفة ثبات الاختبار"معامل ألفا" و"كودر ريتشادسون"، فإنهما يقدران بدقة معامل الثبات.

---

[1] - انظر مثلا مبادئ القياس النفسي والتقويم التربوي للدكتور سبع أبو لبدة، ص ٢٧٦-٢٧٨ .

ويشير ارتفاع معامل الثبات إلى انخفاض الخطأ المعياري للاختبار،والعكس بالعكس. ويفيدنا هذا في معرفة العلامة الحقيقية للمفحوص، فإذا عرفنا مثلاً أن العلامة الظاهرية للتلميذ(٤٨|١٠٠)، وأن الخطأ المعياري للفحص (٣)،فإن الطالب يستحق النجاح؛ لأن العلامة الحقيقية للطالب هي:٤٨+٣=٥١.

وأما إن كانت علامته الظاهرية (٤٧|١٠٠) فإنه لا يستحق النجاح؛ لأن العلامة الحقيقية للطالب هي ٤٦+٣=٤٩، وهي أقل من ٥٠ التي هي علامة النجاح.

الصدق:

لا غضاضة من إعادة القول، بأن صدق الاختبار يعني أن يكون الاختبار قادراً على قياس ما وضع لقياسه؛ فإذا افترضنا أن الاختبار وضع لقياس الإملاء للصف السادس الابتدائي، فإن الاختبار يجب أن ينصب على هذه المسألة ،ولا يجوز أن يتوجه إلى القراءة، أو المحادثة، أو التعبير، وإلا فإنه لا يكون صادقاً،وإذا استخدم هذا الاختبار في الصف السابع ،فإنه أيضاً-لا يتصف بالصدق؛ لأنه لم يصمم إلا للصف السادس.

وقد لخص أحد المربين [1] دلالة مفهوم الصدق من خلال الإجابة عن الأسئلة التالية:

- ماذا يقيس هذا الفحص؟ (السمة ، القدرة، الصفة).

- إلى أي مدى تقيس هذه السمة، أو القدرة، أو الصفة التي يقيسها.

- في أي موقف، أو ضمن أية ظروف ،تكون للفحص هذه الدرجة من الصدق.

---

[1] - سبع أبو لبدة، ص ٢٤٢ .

ولا بد من التذكير بأن الصدق لا يعني الثبات، وقد يكون الاختبار ثابتاً وصادقاً، ولكن ليس ثابتاً، إلا أنّ التقويم الجيد المسؤول يكون عادة صادقاً وثابتاً.

ويقسم الصدق إلى ثلاثة أقسام هي: صدق المحتوى، وصدق البناء، والصدق التنبؤي (أو صدق المحك).

١- **صدق المحتوى:** يعني صدق المحتوى للاختبار أن يكون الاختبار قادراً على تغطية المادة الدراسية،التي درسها الطلاب، في مستوى معين (صف دراسي معين)، كما يغطي الأهداف التعليمية للمادة التدريسية، التي ينبغي على التلاميذ أن يحققوها، أي عندما تكون الأسئلة الموضوعة ممثلة تمثيلاً صادقاً لأجزاء المادة والأهداف نقول: إن الاختبار يتصف بصدق المحتوى،أو الصدق المنهجي، أو صدق المضمون، وعليه نقول: يتصف الاختبار بصدق المحتوى، إذا كانت أسئلته عينة ممثلة تمثيلاً صادقاً لمختلف أهداف المادة المدروسة وأجزائها.

٢- **الصدق التنبؤي:** تستعمل أحياناً نتائج اختبار،للتنبؤ بنجاح الطالب مستقبلاً،في دراسة لها علاقة بالاختبار،ففي المملكة الأردنية الهاشمية مثلاً، تستعمل نتائج اختبار التوجيهية بطريقة غير مباشرة،للتنبؤ بنجاح الطلبة في الدراسة الجامعية، إذ إن الجامعة عندما ترفض قبول أصحاب العلامات المتدنية، للدراسة فيها، فكأنها ترفضهم لأنها تتنبأ-بناء على علاماتهم- برسوبهم. أما من يقبلون، فيقبلون لأنها تتنبأ-اعتماداً على علاماتهم-بنجاحهم. وفي أمريكا يستعملون نتائج اختبارات القدرات، التي تعطى في المرحلة الثانوية،للتنبؤ بنجاح الطلاب في دراسات جامعية معينة.

وهناك معادلة رياضية لحساب الصدق التنبؤي، لأي اختبار [١].

٣- صدق البناء: وهو أكثر أنواع الصدق تعقيداً؛ لأنه يهتم ويتعامل بمعطيات معنوية،ويعد الذكاء من أكثر السمات دراسة في علم النفس،ولكن لا يمكن مشاهدته،أو تقويمه مباشرة، بل يمكن استنتاجه من مشاهدات وتقويمات تتعلق بما اصطلح على تسميته"سلوك ذكي". كما لا يمكن مشاهدة متغيرات الشخصية، مثل: الاعتماد على النفس ،والقلق، وتحقيق الذات، ولكن يمكن استنتاج وجودها.

ولذا، يُعنى صدق البناء بقدر كبير من الاستنتاج من جانب مطور الاختبار،ويقوم صدق البناء بالبحث والتحقق من الخصائص السيكولوجية،التي يقيسها الاختبار.

أنواع التقويم التربوي، وفق نموذج تدريسي تدريبي:

يمكن تصنيف التقويم التربوي إلى أربعة أنواع، هي:

١-التقويم التمهيدي:Initial Evaluation:

ويتم هذا التقويم قبل البدء في برنامج معين، لتقويم المحتوى والوسائل والأهداف، والظروف الأخرى، المتصلة بالمدخلات، والعمليات والمخرجات، وهو يوفر معلومات وبيانات أساسية، قبل البدء في تحقيق البرنامج المعني.

٢-التقويم التكويني:Formative Evaluation:

ويعرف بأنه عملية تقويمية منهجية (منظمة)،تحدث أثناء التدريس،وغرضها تزويد المعلم والمتعلم بتغذية راجعة،لتحسين التعليم والتعلم،ومعرفة مدى تقدم التلميذ.

---

[١] - ارجع الى سبع أبو لبدة، ص ٢٨١ .

وسمي تكوينياً؛لأنه يتم أثناء تكون أو تشكل تعلم التلميذ،ويكون هدفه تصحيح مسار العملية التدريسية، ومعرفة مدى تقدم التلميذ،وليس وضع علامات له.

ويتعرض التقويم التكويني إلى المحتوى، الوسائل والطرائق المستخدمة،والقدرة على استخدام التقنيات، ومستوى أداء العاملين في البرنامج،وهي عملية متصلة ومستمرة،تحدث خلال حياة البرنامج،من خلال القائمين على تنفيذه.

٣-التقويم النهائي (الجمعي) الختامي:Summative Evaluation:

ويقصد به التقويم الذي يستند إلى نتائج الاختبارات التي يعطيها المدرس في نهاية الشهر،أو في نهاية العام الدراسي،ثم ترصد نتائجها في دفتر علاماته،وفي سجل المدرسة،ليقوّم تحصيل التلميذ بموجبها،تمهيداً لترفيعه،أو ترسيبه أو تخريجه.

ويمكن القول إن الغرض الأساسي للتقويم الختامي،هو معرفة مدى تحقق الأهداف المنشودة.

٤- التقويم التتبعي:Follow-up Evaluation:

ويعني الاستمرار في التقويم،للوقوف على آثار البرنامج البعيدة المدى، وهذا النوع شائع في مجال التعليم المهني والتقني، ويطلق عليه -أحياناً- تقويم الصيانة، لضمان فعالية البرنامج أطول فترة ممكنة، في خدمة المهن المختلفة، لتوفير القوى البشرية المدربة، وفق احتياجات ومتطلبات السوق المحلية.

ويأتي هذا البرنامج لمعرفة ملاءمة مادة البرنامج التدريبي، والتكنولوجيا المستخدمة للمستجدات والتغيرات، وهل تعطي التكنولوجيا المستخدمة النتائج المرجوة من حيث المهارات والاتجاهات.

ويمكن أن يستخدم هذا النوع من التقويم، في مجال التعليم الجامعي،باستخدام وسائل وأدوات شائعة، مثل المقابلة، والاستبانة، والاختبارات، وتحليل المشكلات، وتحليل الأدوار،ودراسة التقارير والسجلات.

المراجع العربية

١- جيرولد كمب، تصميم البرامج التعليمية، ترجمة أحمد خيري كاظم، ,١٩٧٧

٢- حلمي أحمد الوكيل،ومحمد أمين المفتي، أسس بناء المناهج وتنظيمها.

٣- راضي الوقفي، التخطيط الدراسي،ط٣، ,١٩٧٩

٤- سبع أبو لبدة، مبادئ القياس النفسي والتقييم التربوي، ,١٩٨٢

٥- صالح هندي وهشام عليان،دراسات في المناهج والأساليب العامة،عمان ،دار الفكر، ,١٩٨٧

٦- عبد العليم ابراهيم، الموجه الفني المدرسي اللغة العربية،دار المعارف،١٩٦٨

٧- عبد الملك الناشف، تنظيم تعلم التلاميذ،منشورات معهد التربية، بيروت أونروا-يونسكو ١٩٧٣

٨- عزيز سمارة ورفيقاه، مبادئ القياس والتقويم في التربية، دار الفكر للنشر والتوزيع، ١٩٨٩

٩- فؤاد سليمان قلادة، الأهداف التربوية وتخطيط المناهج،دار المطبوعات الجديدة،١٩٧٩

١٠- ماجدة السيد عبيد وآخرون، أساسيات تصميم التدريس، دار الصفاء للنشر والتوزيع، عمان،٢٠٠١

١١- محي الدين توق، وعبد الرحمن عدس، أساسيات علم النفس التربوي، نيويورك، جون ويلي وأولاده،١٩٨٢

١٢- نادر الزيود، وهشام عليان، مبادئ القياس والتقويم في التربية، دار الفكر للنشر والتوزيع،١٩٧٩

١٣- نادر الزيود وآخرون، التعلم والتعليم الصفي

١٤- نايف سليمان ومحمد الحموز، أساليب تعليم الأطفال القراءة والكتابة، دار الصفاء للنشر والتوزيع،عمان،٢٠٠١

١٥- نايف سليمان وعادل جابر المشرف الفني في أساليب تدريس اللغة العربية

١٦- يوسف القطامي ورفيقاه، أساسيات تصميم التدريس، دار الفكر للطباعة والنشر ٢٠٠١

١٧- يوسف قطامي ورفيقاه، تصميم التدريس، دار الفكر للطباعة والنشر.

المراجع الأجنبية

١- Bruner, J.S (١٩٦٠) The Process of education, New York: Vintage Books.

٢- Bruner, J.S (١٩٦٦) Toward a theory of instruction, N.Y: w.w. Norton Company.

٣- Bloom, S.(ed) Tayonomy of education objectives, (New York, Daved McKay Company, Inc ١٩٦٧).

٤- Kemp. J. The instructional design Process (١٩٨٥) N.Y, N. Y. Harper row, pub Co.

٥- Kibler, R. J. Miles, D.(١٩٧٠) Behavioral objectives and instruction, Boston, Ally Bacon.

٦- Merill. M. Instructional design, Englewood Cliffs, N. G, Educational technology, pub (١٩٧٩).

٧- Merill.M. Compound display theory (١٩٨٣).

٩- Reigeluth (ED) Instructional design theories and Models, Hills dale, N J: Lawrence Erbium Associates.